ルポ　消えた子どもたち

虐待・監禁の深層に迫る

NHKスペシャル
「消えた子どもたち」取材班

NHK出版新書
476

ルポ　消えた子どもたち——虐待・監禁の深層に迫る　目次

はじめに——なぜ「消えた子どもたち」は放置されるのか……11
今も子どもが「消え」続けている
「不登校」の裏側で
白骨化していた男の子

第一章　一八歳まで監禁されていた少女……17
博多事件
生の面影さえない少年
「元少女」ナミさんとの出会い
悪夢の始まり
凄絶な日々
人形のように、動物のように
死ぬこともできずに
近所の人も気づかなかった

子どもに会えぬ家庭訪問
学校側の言い分
「見えない」というリスク
訪問者も途絶えて
母親の誕生日に
決意の脱走
新生活の始まり
繰り返すフラッシュバック
自由と「空白」の重み
取り戻せない時間
一八年の重さを抱えて
第二章　「消えた子ども」一〇〇〇人超の衝撃……59
動き出した大規模調査
鳴り止まぬファックス
驚愕の実態
子どもが消えるとき
保護後も残る深刻な影響

困難を極めた追跡取材
「現場」に背中を押されて

第三章 貧困のせいで子どもがホームレス、犯罪に……81
ホームレス化する子どもたち
車で眠る日々——ケンジくんの場合
元校長の「捜索」
父親の死によって、ようやく保護
「逃げる」一家を探すことの困難
貧しさから犯罪を強いられる——ナオキくんの場合
罪の意識に耐えきれず
選択肢を狭める学習の遅れ
断絶の果てに

第四章 精神疾患の親を世話して……101
増える精神疾患とひとり親家庭
施設のお姉さん的存在——マオさん

母親がうつ病に
毎日ご飯の心配ばかり
親の代わりに謝る日々
周囲の大人たちは
「あの家とは関わりたくない」
教師は登校を促すだけ
ケースワーカーは
保護のきっかけは母親の逮捕
それでも母親が好き
空想だけが支えだった
精神疾患を抱える親の事情
専門家の目を
深刻な事態を未然に防ぐために
当事者交流の試み
親を責めても解決にはならない
今度は自分が子どもを支えたい

第五章　消えた子どもたちの「その後」……135
保護がゴールではない
保護されて九年――ナミさんの今
一人暮らしの部屋で
働きたいけど、働けない
押し入れで眠る
唯一の「居場所」
対人関係って、難しい
一歩踏み出す難しさ
癒えない心の傷
逃げてきてよかったのかな
友だちはほしくない――ノゾミちゃんの場合
人との距離感をつかんでほしい
苦しみのなかで「自分にできることを」
第六章　自ら命を絶った「元少女」……171
最悪の結末――ユキさんの場合

生活の「基本」がわからない
語り始めた虐待の日々
心の叫びと向き合い続けて
新生活への希望
大人の社会への期待と不満
支援する難しさ
ユキさんの「遺言」

第七章　「消えた子ども」の親の告白……189

無関心から一歩踏み出すために
親の心理を探りたい
経済的に追い詰められて——母親・洋子さんの場合
ママを悲しませたくない
母親を説得し続けた妹
もっと気持ちを考えてやればよかった
親もまた苦しんでいる
「おせっかい」の必要性

エピローグ　もう一度、前を向いて……208
あなた自身があなたの保証人です
踏み出した、新たな一歩
おわりに――「消えていた」子どもたちが問いかけたもの……213
消えた子どもを生む土壌とは
社会全体の問題として捉え直す
動きだした自治体
諸制度の改善点
「消えた子どもたち」からの問いかけ
虐待が疑われる事案の通報先……225

はじめに――なぜ「消えた子どもたち」は放置されるのか

白骨化していた男の子

二〇一四年五月末の土曜日。自宅で夕食の準備をしていた私は、流れてきたテレビのニュースに、手が止まった。

「神奈川県厚木市のアパートで、五歳くらいの男の子と見られる白骨化した遺体が見つかりました。死後七年以上も放置されていたと見られています」

中学校に入学する年になっても所在が確認できないため、児童相談所が警察に連絡をして発見されたという。市の教育委員会は、男の子は転居したと判断して十分な対応をしていなかった。その間、男の子はごみの散乱した部屋で、たったひとり、衰弱して死んでいった。

一体、どうしてこんなことが起きるのか。全ての子どもに教育を受けさせることが義務づけられている日本で、学校に一日も通ってこない子どもがいるのに、なぜ七年以上も見つけてあげられなかったのか。いてもたってもいられなくなって同僚の記者にメールをすると、彼女も同じ思いでニュースを見ていた。極めて素朴な疑問から取材はスタートした。

調べてみると、過去にも驚くような事件が起きていたことがわかった。

二〇〇四年には大阪・岸和田市で中学三年生の長男に繰り返し暴行を加え、三ヶ月間ほとんど食事を与えていなかった父親らが逮捕。長男は一年余りにわたって学校に通わせてもらえていなかった。二〇〇五年、福岡市では、幼いころから母親に家に閉じ込められ小学校にも中学校にも一日も通えず、一八歳で自ら逃げ出して保護された女性がいた。さらに二〇〇八年には札幌市で二一歳の女性が小学生のときから八年余りにわたって自宅で軟禁状態に置かれていたことがわかった。学校は不登校ととらえていたという。こうした事件が発覚したあとには、きまって関係機関が集まって会議をして「再発防止」がうたわれる。しかし、結局、同じことが繰り返されている。

「不登校」の裏側で

実態も十分には把握されていなかった。文部科学省は毎年行っている「学校基本調査」で「居所不明児童生徒」の人数をとりまとめている。ただ、これは「一年以上、家族と連絡がとれず居場所がわからない」子どものことだ。過去の事件のように、保護者に会えているが本人は学校に通ってこず姿を確認できないケースや、住民票が抹消されているケースは含まれていない。

この問題への対応が徹底されてこなかった背景を調べ、実態に少しでも近づこうと、取材班を組んだ。何をどう取材していくべきか、連日、取材班のなかで議論した。現状では、保護者や、学校、それに教育委員会の担当者など大人の言い分ばかりが報じられて、子どもの声や姿が伝わっていない。そのため、自宅に閉じ込められるということ、学校に通えないということが、その人の一生にどれほどの影響を及ぼすのか実感できないのではないだろうか。

私たちは、何らかの理由で社会とのつながりを絶たれた子どもを「消えた子ども」ととらえ、子ども本人に直接会って話を聞くことと、独自の調査を行って、できる限り実像に近づくことを取材の目標とすることにした。二〇一四年八月に立ち上げた取材班に加わったのは、記者とディレクターあわせて八人。結果は、同じ年の一二月にニュース番組や「NHKスペシャル　調査報告〝消えた〟子どもたち――届かなかった『助けて』の声」で報道した。本書には、その内容に加え、放送で伝えきれなかった子どもたちの肉声や問題の背景について、詳しく記している。

本編の執筆者は以下の通り。第一〜三章・エピローグ 松井裕子（社会部記者）、第四章 成田大輔（社会部記者）、第五〜七章 古関和章（報道番組センター社会番組部ディレクター）。全体を私と、報道番組センター社会番組部チーフ・プロデューサーの松木秀文が監修した。

今も子どもが「消え」続けている

一連の報道後、文部科学省が不登校の背景に虐待や貧困が潜んでいる可能性があることを前提に、一人ひとりに応じた支援の検討を始めた。以前より、問題意識は高まったように見える。しかし残念ながら、同じような事件はまだ続いている。

二〇一五年二月、神奈川県川崎市で中学一年生の男子生徒が知り合いの少年グループに殺害される事件が発生。男子生徒は年が明けてから全く学校に通っていなかったが、学校や教育委員会は生徒の状況を十分に把握できていなかった。文部科学省は同じようなトラブルに巻き込まれている子どもがいないか緊急調査を実施するとともに、三日連続して学校を休んでいることを目安に原則として本人と会って安全を確認することなど再発防止策をまとめた。

同年四月、東京・足立区で両親が当時三歳の次男を死亡させ、都内の荒川に遺棄したとして逮捕された。警察の調べによると、次男は三ヶ月にわたってウサギ用のケージに入れられ監禁されていたとみられている。

さらに六月には、母子二人が二年前から行方不明となっていることが発覚。当時二五歳だった母親は遺体で見つかり、七歳になるはずの男の子の行方は今もわかっていない。住民票が移されていた東京・新宿区によると、男の子は小学校入学前の健康診断に姿を見せず、学校には一度も来ていなかった。女性の親族が男の子と会ったのは一歳五ヶ月のときが最後だったという。

今もどこかで、家に閉じ込められ、あるいは雑踏に紛れ彷徨《さまよ》っている子どもがいるのではないか。

全ての事案に通じる解決策はないかもしれないが、姿が見えなくなってしまう子どもを放置する社会であってはならないと強く思う。どうすればいいのか、本書を読みながら、一緒に考えていただきたい。

ＮＨＫ報道局社会部副部長　蔵端美幸

第一章 一八歳まで監禁されていた少女

博多事件

「もう帰りたくない、あんな家に帰りたくない。お母さんにまたひどいことされる」

小さな肩を震わせ、少女は怯えるような様子で泣きじゃくっていた。

二〇〇五年一一月、福岡市博多区郊外。団地が立ち並ぶありふれた景色のなかで、裸足で歩道にたたずむ少女の姿だけが異質だった。小学校低学年程度に見える小柄な少女は、目の下に傷、髪の長さはばらばらで乱れ、所々引き抜かれて頭皮が見えていた。汚れたミッキーマウスのトレーナーには血痕と思われる染みがあった。秋が深まり朝晩の冷え込みが厳しくなるなか、アスファルトの冷気に小さな足は凍えているようだった。

通りかかった近所の女性は、少女の状況に異変を感じ、近くのコンビニエンスストアまで連れていった。店員らが警察に通報し、駆けつけた交番の警官によって少女は保護された。当時の身長は一二〇センチ余り。体重は二二キロ。周囲の大人はみな小学校低学年ほどと思ったが、実際の年齢は一八歳だった。のちに関係者の間で「博多事件」といわれる事案が発覚した瞬間だった。

保護された少女の身に何が起きていたのか。当初、福岡市はこの事案を公表せず、保護から一ヶ月余りのちの報道によって、社会は「博多事件」を知ることとなる。当時の新聞記事には次のような見出しが並んだ。

「母が娘を一八年〝軟禁〟 義務教育、受けないまま」
「市教委、『軟禁』放置 小学校側、面会できず」
「未就学一八歳 縦割りの悲劇 学校、市教委、児相、区役所たらい回し」

報道によれば、事件の概要はこうだ。少女は、小学校も中学校も一日も通わせてもらえず、母親によって一八歳まで団地の一室に閉じ込められていたという。テレビを勝手に見ていたという理由で殴られたことを機に、少女が自宅から逃げ出したことで保護にいたった。

顔面や背中を数回殴打する暴行を加えて治療一一日を要する顔面打撲傷などの傷害を負わせた容疑で、母親は逮捕。動機としては、「障害により発育に遅れがあり外に出すと迷惑をかけると思った」「夫や娘や息子のことで悩んでいたが、誰にも相談できなかった。二女にストレスをぶつけていたかもしれない。もっと早く市に相談していれば」という母親の言葉が報じられた。それを受け、母親には愛情があったのではないかと見る報道もあった。娘の障害を気軽に相談できず、外に出すことが迷惑だと親に思い込ませてしまうような社会こそが問題だ、というような論調だ。

その後、母親は、保護責任者遺棄罪（子どもや老人、病人などの世話をする責任がある人がそれを果たさないで生存に必要な保護をしない罪）で立件されることはなく、傷害罪で罰金一〇万円の略式命令をうけただけで釈放された。つまり、日常的な虐待の罪で法に問われることはなかった。

事件が報じられると、学校や教育委員会、福祉部門や児童相談所の縦割りな対応が批判された。当初、報道されるまで事態を公にしていなかった福岡市は、事件から二ヶ月余りたってから、検討委員会を設置。二〇〇六年四月に報告書をまとめた。

当時の報道や報告書では、保護した警察関係者や、少女の親の供述、当時の教員ら周囲の大人の証言を基に事態の推移が語られており、一八歳まで少女がどのような状況で生きてきたのか、その後少女がどうなったのか、そして本人はどう感じていたのかについては記されていなかった。

報告書の最後は次のように締めくくられていた。


今後、女性が、これまでの人生において受けた傷を、様々な機関からの支援を受けつつ、安全で安心できる環境において乗り越えていき、社会的に自立した女性として幸福な生き方をつかみとっていけるよう、委員一同、心から願うものである。

私たちは、のちに、この報告書に記された「傷」という言葉は実態をつかんでいなかったこと、記された願いを成就することがどれほど難しいかを、知ることになる。

生の面影さえない少年

私たちが、「博多事件」に象徴される、「消えた子どもたち」について改めて取材し始めたのは、事件の九年後、二〇一四年五月のことだ。「はじめに」にもあるように、神奈川県厚木市のアパートの一室で斎藤理玖《りく》くんという男の子が白骨化した遺体で見つかった事件がきっかけだった。

理玖くんは、行政の記録上は存在していたが、中学校一年まで小学校にも中学校にも一日も姿を現さなかった。実際には、五歳の時点で父親にアパートに置き去りにされて死亡。それから七年余り、社会は誰ひとり、その死に気づくことはなかった。

ようやく発見されたとき、その小さな骨は、ごみの山の真ん中に横たわっていたという。理玖くんの面影を追って取材を続けたが、結局、理玖くんがどんな子どもだったのかさえわからなかった。置き去りにされてから、何を食べて飲んで生き延びていたのか、幼い体を親に抱かれることもなくどうやって眠りについたのか、電気も止められた真っ暗な部屋でひとり、何を思いながら息絶えていったのか――。彼の生きた時間が何もわからない、そんな事件だった。

「消えた子どもたち」を取材する糸口として、私たちは、理玖くんと同じような状況にありながら生き延びた事例がないか、探すことにした。子どもが社会から消えている間、何が起きているのか。命を奪った親や、捜査関係者など周囲の大人ではなく、当事者から真実を聞き、そこから何をしなければならないのか教訓を得たい、そう考えたからだ。

そうしたなかで、旧知の児童福祉の専門家から指摘された事例が、前述の「博多事件」である。その専門家から「その後も少女は大変な苦労をして生きてきたようだ」と聞き、関係者を通じて、その「元少女」に取材を申し込んだ。

「元少女」ナミさんとの出会い

取材依頼から、ひと月あまり。「元少女」に直接取材の趣旨を説明させてもらえると聞き、私たちは福岡に飛んだ。面会場所は、博多湾にほど近い児童相談所、「福岡市こども総合相談センター」。通称「えがお館」である。七月下旬の福岡は夏の日差しが強いものの、潮風が心地よい季節だった。

少し緊張しながら施設の応接室で待っていると、ノックとともに静かにドアがあき、一八歳まで一日も学校に通わせてもらえなかった元少女・ナミさん（仮名）が現れた。保護当時から関わりを持つ児童相談所の所長で精神科医の藤林武史氏と一緒だった。

コンビニエンスストアで保護されてから九年、ナミさんは二七歳になっていた。黒系のシンプルな服装に、少し長めで不揃いなショートカット。私が「はじめまして」と挨拶すると、大きな瞳を伏し目がちにして「こんにちは」と小さな声で応じてくれた。

ナミさんは極度に緊張しているように見えた。そのまま倒れてしまうのではないかと、こちらが思わず身構えたとき、藤林所長が穏やかな表情で「いつもの部屋で話しましょうか」とそっと声をかけてくれた。藤林所長の先導で彼女が日頃から慣れているという別室に移動した。保護された当時一二〇センチ余りだった身長は、保護後の生活のなかで一五〇センチ台まで伸びたと聞いていたものの、彼女の後ろ姿は華奢《きゃしゃ》で実際よりも小柄に見えた。

案内された別室は、無機質な応接室と違って、部屋の壁にはアニメのポスターや絵が貼られ、雑誌や漫画のほかソファも置かれていた。引きこもりの若者の居場所として開放されている部屋で、くつろぎやすいよう配慮がされていた。ナミさんは、日頃、ここでボランティアの支援員として若者たちにお茶を用意したり、イベントを手伝ったりしていると、藤林所長が説明してくれた。丸テーブルの席につき、私は改めて自己紹介をしたあと、取材の趣旨を説明した。ナミさんは、じっと話を聞いてから、こう言った。

「私が保護されたとき、親の言い分だけが報道され、本当に悔しかったことが忘れられません。本当のことを伝えてくれるなら取材を受けようと思います。二度と、同じような想いをする子どもを生んでほしくないので」

声こそ小さかったが、丁寧で力強い言葉だった。このあと記すのは、五ヶ月ほどの間、彼女のもとを継続的に訪れるなかで聞かせてもらった、社会から断絶された一八歳までの話だ。そこには、福岡市の報告書に全く記されていない、彼女の言葉を借りれば「人間として扱われない」過酷な現実があった。

悪夢の始まり

「家に閉じ込められるようになったきっかけは些細《ささい》なことでした」

ナミさんが家から出られなくなったきっかけは、通っていた保育所の給食を食べていたときに起きた出来事だった。隣の席の友だちが食べ切れずにいた給食を食べてあげたところ、それを偶然見ていた母親に、「なにしとっと！」といきなり怒鳴られた。腕や髪の毛をつかまれ、そのまま車に乗せられ自宅に連れ帰られた。母親は、泣き続けるナミさんの顔や手をつねりながら、「お前はいやしい、やっぱりおかしい。人のものを盗むけん、保育所には行かせられん」と言って罵倒したという。その一件から、保育所に通わせてもらえない日々が始まった。

ナミさんには、母親と父親、それに姉と兄がいる。姉と兄は普通に学校に通っていた。父親は仕事で留守がちで、母親の方針に強く反対することはなかったという。母親は一時仕事をしていたこともあったが大半は家におり、ナミさんと二人きりで過ごすことが多かった。保育所に通えなくなったあとも、しばらくは家族で遊びに行くとき、一緒に連れていってもらえることがあった。ただし、ナミさんだけは顔を上げて周りを見ることは禁じられた。

「遊園地とか水族館に連れていってくれました。けれど、自然と視界に入ってくるものさえ、母親から見るなと、どこも見るなと言われて。お前がそこら辺のものや食べ物を見たら何か盗むやろう、と。じゃ、どこ向いとったらいいって言うと、下向いとけって言われて。家族五人で出かけて、他の兄弟たちは普通に遊んでいたりとか、いろんな風景を見たりして楽しんでいるのに、自分だけは楽しめなかった。隣には監視を続ける母親がいて、本当に気が抜けなくて、いつもびくびくしていて、ちょっとでも何か視線を逸らすと、どこ見とるのよって、耳をつねられたり、たたかれたりして……」

やがて、小学校に上がる年になるとナミさんは一層外に出られなくなっていく。

凄絶な日々

通常、小学校に上がる前には、自治体が実施する就学時健診を受けることになっている。教育委員会が住民票をもとに、翌年小学校に上がる年齢の子どもがいる家庭に案内を出す。幼稚園や保育所と違って、法律で定められた「義務教育」がきちんと全ての子どもに行き届くようにするための手続きである。

ナミさんも、小学校入学を前に、母方の祖母に赤いランドセルを買ってもらい、学校に通うのを心待ちにしていた。しかし、その期待は裏切られる。母親は「学校に行かせるつもりはないのに、お金がもったいない」と祖母を非難した。そして、ランドセルはそのまま一度も使われることなく、湿気の多い物置に入れられ、カビが生えて捨てられた。ナミさんは悲しい気持ちでそれを見ているしかなかったという。結局、就学時健診はもちろん、小学校入学の時期を迎えても学校に通わせてもらえることはなかった。

「ランドセル背負って、普通に小学校に行けるのかなって思っていたんですけど、母親に『こいつが学校に行けるわけがない』って決めつけられて、ランドセルは取り上げられました。兄や姉は普通に背負って学校へ行っていたのに、何で私だけって、そのときは本当に思いました」

学校に通えない日々が続くなか、ナミさんは閉じ込められるだけでなく、普通の生活さえできないような環境に置かれていった。着替えも用意されず、物置のように使われていた一室が彼女の居場所になった。窓には黒いカーテンが引かれ、ベランダに出ることも外を見ることも許されなかった。母親自身、酒を飲んで明け方まで起きていて日中は眠るような生活で、気分の浮き沈みが非常に激しかったという。

食事は、一日一食のときもあった。母親が機嫌のよいときは、普通の食事を食べさせてもらえたが、不機嫌なときには、腐りかけの残飯が入ったどんぶりに、水やコーヒーをかけてぐちゃぐちゃに混ぜたものを与えられたこともあった。

食事を座ってとることは許されず、台所で立ったまま急いでかきこんだ。何も与えられず空腹が続くときには、家族の留守を見計らって炊飯器のご飯を食べたり、冷蔵庫の中のものを食べたりした。しかし、それも母親に気づかれてしまい、激昂《げっこう》した母親は、食品を袋に入れ固く縛って子どもの力では開けられないようにし、食べ物のチェックや行動の監視を強めた。ナミさんは、仕方なくごみをあさったり、塩や油をなめたりして飢えをしのいだという。

ほとんど家にいなかった父親は、たまに帰っても見て見ぬ振りで、事態を解決しようとはしなかった。兄や姉も事態をわかっていながら、それを外に伝えることはしなかった。

やがて風呂にも何ヶ月も入れないことが続くようになった。「お前の菌がうつるけん」と、風呂や洗面所の使用を禁じられ、トイレで排泄することも許されなくなり、自分の部屋でそのまま垂れ流すように言われた。やむを得ず、言われたとおりにすれば、母親の怒りを買い、殴られ罵られた。

勉強をさせてもらえたことはあった。兄や姉の使い古しのドリルで漢字の練習をしたり、教科書を読んだりした。ただ、これも普通の学習とは異なり、正座をさせられたまま、一日中、漢字一文字を大学ノートに書き取り続けるもので、少しでも間違えれば殴られたり髪をひっぱられたりした。発生当時の報道では、ドリルで勉強させていたことから愛情があったのではないかという記事もあったが、ナミさんにとってそれは学びと呼べるようなものではなく、虐待と同じだったという。

また、掃除をさせられることも多かった。夜中まで正座のままノートに漢字の書き取りをしたあと、朝四時になると廊下の拭き掃除をするように言われた。幼い子どもゆえに力も弱く雑巾《ぞうきん》が絞りきれない。時折チェックが入り、母親が絞って水が滴ることがあれば、暴力が始まる。手や足を踏みつけられることもあった。冬場には、結露で濡れる窓を早朝から拭き続けるよう命じられた。一滴も水滴を残すなと厳しく言われ、磨き残しがあれば、また叩かれた。

人形のように、動物のように

ナミさんは、一八歳で保護されたあと行政の支援を受けながら一人暮らしを始めたが、閉じ込められていた時期に掃除をさせられていた名残か、部屋にはゴミひとつ落ちていない。自宅で座っているときは今もほとんど正座だ。パソコンで作業をするときも、私たちの取材に応じるときも、ずっときれいな正座姿だった。そして、食事も非常に早く終える。時には台所で立ったまま食べる。誰に急かされているわけでもないが、黙々とあっという間に食べてしまうのだ。

「ずっとそうだったんで、正座も食事も癖になっていて抜けないんです」

彼女は淡々と語った。そして、母親が、何故あのような行為を続けたのか、振り返って考えているものの今も理解ができないままだと話した。

「母が言っていた話を思い出すと、もともと予定外の妊娠で……。望んでない子どもだったようです。私が仮死状態で生まれたこともあって、発達が遅かったようで。それで障害があると思い込んで、『この子は外に出したらいけない』と思っていったのかもしれないです。ただ行政機関に相談していた様子もないですし。今、振り返っても、なんで？っていううのがすごくあります……」

一言ひとこと搾り出すようにナミさんは語った。

「やっぱり今でもわからないのは、家族って何なんだろうって……。家族と言えたらいいのにな、っていうような人たちと一八年間過ごしてきて、人として心から幸せだったことか、思い出は何一つなくて。母親に抱かれた記憶もないんです。家族というより、一人ひとりが他人のような感覚で、私は本当にそれこそ、その人たちのモノ扱いと言うか、人形みたいに、ロボットみたいに、いいように扱われてきて。本当に動物を飼ってるような感覚かな……。もう人間って思ってくれていなかったので……」

取材をしていて、これほどに、返す言葉が見つからなかったのは初めてのことだった。


そんな彼女に唯一優しく接してくれた大人がいた。ランドセルを買ってくれた母方の祖母だ。母親が留守のときには、内緒で外に連れ出して遊ばせてくれた。

「ばあちゃんは、母親が外出しているときに、公園とか行きたいよねって言ってくれて、一緒に行ってくれて。今のうちに遊んどき、ってブランコを押してくれました。滑り台や砂場でも遊んで。膝の上に乗せてもらった記憶もあります。ばあちゃんの家に連れていってもらったときには一緒にキッチンで卵焼きを作って、それが甘くておいしくて。ばあちゃんといるときだけは、怖がらなくていいし、本当に自然体でいられたんです」

祖母は学校に行かせるよう、母親に何度も進言してくれたが、母親がそれを受け容れることはなかった。むしろいつも怒鳴りあいの大喧嘩《げんか》になり、母親は祖母を追い返すようになった。やがて、その祖母も病気で亡くなってしまった。ナミさんの置かれた状況を知りうる人は、同居の家族以外にいなくなり、ナミさんは全く外に出られなくなっていった。

死ぬこともできずに

ナミさんは、殴られるだけでなく、毎日のように「お前なんか産まなければよかった」「お願いだから早く死んで」「目の前から消えて」と言われたという。

「本当に、苦痛でしたね……。そういう環境のなかで誰も助けてくれないし、おばあちゃんはもう病気で亡くなってるし、兄ちゃん姉ちゃん、お父さんがたまに家にいても見て見ぬ振りだし。ほんと、この人たち異常だなって、普通じゃないなって感じてました。そういう生活を長年続けていると、本当にもう死にたくなってしまうぐらいで。死にたくなるし、殺したいなっていう気持ちも湧いたりしました。この人たちを全員殺して自分も死のうかなって、何百回も考えました」

あまりのつらさに、ナミさんは母親の目の前でタオルを使って自分の首を絞めたり、リストカットを繰り返したりしたほか、実際に団地のベランダから飛び降りようとしたこともあった。ところがいつも母親に止められた。

「この周辺で死なれたら近所迷惑だから。警察が来たときに私たちが殺したように思われるし、死ぬならどこか遠くで死んで」

こうして、ナミさんは、死ぬこともできず、かといって捕まったときの恐怖から逃げることもできずに過ごすしかなかった。悪夢のような状況のなかで一日も学校に通えず、子どもらしく遊ぶこともなく、同級生と学ぶこともないまま、一年一年と時を積み重ねていったのだ。

今もナミさんの細い腕には、その過酷な時間を示すように、刃を当てた跡がいくつも残っている。

「昔のことを思い出すと、時々、疼《うず》くように痛むんです」

そういってナミさんは小さな手のひらで傷をそっと覆った。それはまるで、外からは見えないナミさんの心の傷が、少しだけ形になって叫んでいるようだった。

近所の人も気づかなかった

ナミさんが小学校に通うはずだった一九九〇年代の日本社会は、バブル経済が崩壊し、いわゆる「失われた一〇年」に入って経済が停滞しはじめた時期だ。一九九五年には阪神淡路大震災が発生しオウム真理教による地下鉄サリン事件も起きた。社会全体がそうした陰りを帯びるなか、ナミさんの身に起きたこれらの出来事もまた、多くの世帯が暮らす団地の一室に存在したひとつの現実である。

実際に彼女が閉じ込められていた団地を訪れると、棟が立ち並ぶなかに公園や広場があり、子どもたちの笑い声が聞こえ、ゲートボールや散歩を楽しむお年寄りの姿も見られた。ベランダには各家庭の洗濯物がはためき、どこにでもある当たり前の営みが広がっていた。これだけ多くの人が暮らしているのに、なぜナミさんの存在は誰にも気づかれなかったのか。私たちは、当時を知る人に話を聞こうと敷地内を訪ね歩いた。

団地ができたころから自治会の役員をやってきたという七〇代の男性は、「ああ、あの事件のことかい」と険しい表情を浮かべながらも、当時の様子を振り返ってくれた。

「当時、警察が来て騒ぎになったことを覚えているよ。小さいときからずっと外に出してもらえなかったとかで。周りは、そういう子どもがいることすら知らなかった。騒ぎになって初めて知って、あそこにはもう一人子どもがいたのかと驚いたもんだ。昔、団地が建つ前の二階建てくらいの集合住宅だったころは部屋が通りに面していて、お互いの生活の様子が大体わかった。今は窓からは見えないし、扉も鍵をかけてしまえば、中の様子はさっぱりわからない。子どもが外に出ていれば、まだ目に付いたかもしれないが、外にも出てなかったので気づくことができなかった」と語った。

傍らにいた男性の妻は、「見つけてやれたらよかったんだけどね、本当にかわいそうなことをした」と無念そうにつぶやいた。

当時は今と違って、家族構成と一家全員の氏名、生年月日が載ったリストが役員のところに回ってきていたというが、それでも一軒一軒リストどおりに子どもがいるかどうか確認して回るわけではない。だからナミさんの家に見かけない子どもがいるはずだと気づくこともなかったという。

この団地では事件を受けて、地域のつながりを取り戻そうとしてきたという。しかし、時代とともに個人情報の管理はますます厳しくなり、今は、役員であっても世帯主の名前しかわからなくなり、名簿には電話番号もない。引っ越してきても挨拶にこない若い世帯も多く、どこの世帯に子どもが住んでいるのか、全くわからない状態になっていると男性は語った。これはこの団地に限らず、個人情報保護が叫ばれるなか、全国各地で見られる傾向だろう。

子どもに会えぬ家庭訪問

地域の人たちがナミさんの存在にすら気づかなかった一方で、教育委員会や学校は住民票を通じて、ナミさんという少女の存在を小学校に入学する前から把握していた。どんな対応をしてきたのか。福岡市の報告書は次のように記している。

（小学校一年～二年）就学時健康診断や入学説明会に来なかったため、学校が家庭訪問するが本人の状況を把握できなかった。さらに入学式も欠席のため、小学校長と教頭が家庭訪問するが本人と面談ができない状態が続いた。（中略）保護者との面談において、学校に行かせない理由として、「障がいとそれに伴う症状があるため、学校に行かせることができない」という旨の返事だった。その後学校は繰り返し家庭訪問するが、本人と面談できない状態が続いた。障がいの有無については、確認できていない。

ナミさんは、学校の教員が自宅を何度も訪れていたことを知っていた。しかし、多くの場合は母親が居留守を使うか、玄関先で対応した。学校の教員を部屋に上げなくてはならないときには、母親によって別の部屋の押し入れに隠され、やりとりを聞くことしかできなかった。

「学校の先生は来ていたんですけども、やっぱり母親が会わせたがらなかった。学校の先生や他の人が来るときは、奥の部屋の押し入れに私を隠して、『いや、今この子は具合が悪いので』とか、『会いたがらないんですよ』とか、嘘を言っていて。実際具合は悪くなかったんですよね。ですけど、実家に預けたとか、本当にいろんな嘘をいっぱいつかれて、先生は追い返されて、という感じでしたね」

（小学三年〜四年）繰り返し家庭訪問するが本人とは面談できなかった。父親と面談の日時を約束しても守られないことが多く、面談できて、就学を促しても「今のところ学校に行かせるつもりはない」という旨の返事に止まり、就学にはいたらなかった。教育委員会から保護者宛に、児童相談所等の相談窓口を記載した出席を促す督促書を送付した。

（小学五年〜六年）母親とは会えたが部屋に入れない状態が続いた。学校は、民生委員や近所の子どもなどにナミさんの所在を尋ねたが、確認できなかった。

学校側の言い分

結局、小学校は、六年間一度もナミさんの姿を確認しないまま対応を終えた。なぜもう一歩踏み込んで、彼女を助け出すことができなかったのか。私は在籍していた教員に直接当時の状況を聞こうと福岡各地を探し歩いた。当時の校長はすでに亡くなっていたが、ナミさんの対応に関わっていた元教員の男性に会って話を聞くことができた。元教員は、できれば思い出したくはない、という様子で、当時の経緯を振り返った。

「たしかに、その家に子どもの存在はあるんだろうなとは思っていました。でも、お姉さんが妹は元気ですと言っていたので、何らかの事情で学校にやりたくないのではないかと考えていました。ただ、私も家庭訪問をしたことがありますが、お母さんと話をしても絶対に中には入れてくださらなかった。どこかに預けていますとか、今寝ています、とか、そういう言いわけをずっと続けていて、踏み込みにくい感じでした。子どもは元気でいるのに、なぜ学校がそこまで言ってくるんだと言わんばかりで、非常に拒絶的でした。そこから先は……。家の中に入るなと言われているのに入るわけにもいかないし。親が自分の子どものことを話さないのに、それ以上しつこく話すということは、心情的にできないですね……」

一度もナミさんの顔を見られないまま、踏み込まなかったことについては、こう語った。

「警察のように強制的な調査権があるのではないので、親御さんが入らないでくれと言ったらそれ以上は入れない。なので説得するしかないわけです。でも説得してもダメだということになれば、そこであきらめざるを得ない。たとえば、こちらが虐待だと思って踏み込んで、もし違った場合、非常に問題になるわけですよね。それが地域に広がって、『学校が勝手な想像で、うちを虐待家族としている』ということになると、ただでさえ教師バッシングがあるなか、ますます学校と家庭の信頼関係が崩れていくという懸念はあると思います」

そして、小学校の教員は形式的な訪問を続け、時間だけが過ぎていった。

「一年生、二年生までのころは家庭訪問も定期的にやっていたと思います。教科書は人数分きっちりしか配布されないので、その子の分はどうするのかというのを真剣に考えていたと思います。ただ、管理職が代わったり、私も含めて当初から知っている者が配置替えになったりすると、結局この子は来ないものだと見なすようになっていく。こういう子がいる、ということは帳簿上ではわかっているけれども、その……。こういう難しい問題を真摯に受けとめるということが、日常的に多忙ななかで、だんだんなくなっていったのも事実だろうと思います」

学校内で、ナミさんの存在が「学校に来ない子」として固定化し、積極的に対応するべき対象と見られなくなっていくなか、ナミさんはずっと助けを求め続けていた。

「逃げたいなって思ったことは、何十回、何百回ってあったんですけど、やっぱりそういう支配下におかれる毎日を過ごしていたら、逃げたくても逃げられない。そんななかで学校の先生が来ているのがわかって、助けてほしいっていう思いはやまやまだったんです。でも、母親は断固として人に会わせようとしない。今思えば、学校の先生たちには、どんなにガードが固くても、子どもを助けるまでは粘り強く関わってほしかった。本当に。母親がどんなに断ろうが、いきなりあがり込んで不法侵入で訴えられるんじゃないかとか、そんなことを気にしていたら助けられる子どもも助けられないので。家庭訪問をしておきながら何もしてくれなかったっていうのが何よりも悔しくて、もう一歩踏み込んでくれていればと思います」

「見えない」というリスク

ナミさんが就学していれば中学校二年に相当する、二〇〇一年の九月。教育委員会はようやく児童相談所に通告した。通告を受けて開かれた協議の結果は次のような内容だった。

（中学二年相当）今後の対応について、学校と教育委員会、児童相談所、民生委員らで協議した。児童相談所は、学校と親との関係が保たれているように見えたこと、就学前に虐待の情報がなかったことなどを評価して、虐待のおそれは低いと判断してしまった。この判断に基づき、児童相談所が直接介入するのではなく、親との関係を持っている小学校が家庭訪問を繰り返し行い、児童相談所と教育委員会が適宜連絡を取り合う方針とした。

児童相談所は、通告について関係機関と協議した結果、虐待のリスクはないと判断した。誰もナミさんの姿を確認できていないことこそがリスクであるという判断にはいたらず、ようやく訪れたナミさんが救い出されるチャンスは、活かされずに終わった。

何が判断を誤らせたのか。福岡市の児童相談所で児童虐待に対応する部署に長く在籍し、直接の担当ではなかったものの当時の様子を知るケースワーカーの河浦龍生《たつお》さんを訪ねた。

河浦さんは、虐待の疑いがある親たちは、学校の教員と話さえしないケースも多いなか、学校側と母親の間で話ができているということがひとつの安心材料となってしまったと悔やんだ。また、ナミさんの年齢が中学生に達していたことから、ひどい虐待があれば自分で逃げてくるだろうという見方もあったという。

「学校側がお母さんと話ができていたので、お母さんの話をそのまま受け止めて、実際それが正しいかどうかを確かめずに対応を終結するということになってしまった。その後実態が明らかになったわけですが、そうした事態を想定できるような評価ができなかったと思います。当時、なかなか子どもに会えないというケースはそんなに多くありませんでした。小学校、中学校に行かせるのが当然という風潮のなかで、あえて行かせないっていうのは、家庭に相当の事情があるんだろうと考えてしまった」

河浦さんは、その後、ナミさんが保護されてから彼女を担当し、虐待の実態を知り、取り返しのつかないほどの彼女の傷の深さを誰より実感し、責任を感じてきた。

「もっと早く我々がこういう状態から助け出すことできれば、こんなふうに大きな苦しみを抱えなくて済んだのではないでしょうか。やっぱり早期発見、早期対応ができるかどうかが、子どもの人生を変えると思います。もう少し、いろんなことを想定できる評価力があって、もっと能動的に対応できておれば、もっと違った展開になったかもしれない。そういう意味では、彼女に申し訳なかったとつくづく思います」

そう言って、河浦さんは、ぐっと涙をこらえた。

訪問者も途絶えて

当時、児童虐待に対する社会の意識は今よりも低く、子どもの権利を第一に考えるよりも、家庭のことは家庭でという風潮があったのは確かだろう。とはいえ、誰も子どもの姿を見ないままに判断し、踏み込まずに対応を終えた結果は重大だ。

そこには、「見えない」リスクの軽視と、保護者の壁への躊躇《ちゅうちょ》という二つの要因があったように思う。そして、それは今なお残っている意識であり、先に記したように地域のつながりが薄れるなか、リスクは一層増しているのではないか、と感じた。

児童相談所が虐待とは判断せず、学校に対応を任せる決断をしたのち、ナミさんは義務教育を終了する年齢、すなわち中学校を卒業する年齢となった。やがて誰も彼女の所在を確認しようと訪れることはなくなった。

「あるときから、もう先生も来なくなったのが、本当につらかったです。何で、中学校の年齢でなくなったら、誰も関心を持ってくれなくなるのか。今振り返っても、少しでも訪問を続けてくれていたら、少しでも早く助け出してくれていたらと思います」

そして、ナミさんが泣きながら吐き出した一言が忘れられない。

「先生も、行政の人も、誰も、誰ひとり、私の存在に気づいてくれなかった。助けてって、助けてほしいって何度も何度も思っていたのに、まるでこの世に存在していないようだった。ずっとずっとこの世にひとりきりだった」

追い返されたとしても、訪問してくれる大人がいるうちは、わずかな希望を持てたに違いない。その訪問すらなくなったときの絶望はいかばかりだったか。私は、嗚咽《おえつ》で震える小さな背中を、ただ さすることしかできなかった。

母親の誕生日に

誰の助けも来ないまま月日は経ち、ナミさんは団地の一室で一八歳になっていた。

季節は秋に変わり、朝晩の寒さが増していた一〇月下旬のある日のことだった。午後三時くらいに帰宅した母親は、パチンコで負けて機嫌が悪かった。自分の留守中にテレビを見ていたことを怒り、ナミさんを水色のハンガーで殴りつけた。この日は、母親の誕生日だった。ナミさんは、せめて誕生日くらい穏やかに過ごしてほしいと願っていたが、それはかなわなかった。親も年をとる、自分もただただ年だけとっていく。このままでは自分も母親も一生変わらない。あきらめのような無力感のような思いが広がり、ひとつの選択肢が浮かんだ。

「死ぬか、それともいっそ逃げるか」

決意ができぬまま、ナミさんは母親が再び家を出た隙《すき》に、ひとまずいつも押し込められていた部屋の押し入れの上の天袋によじのぼって隠れた。このまま死ぬことも考えて、机の大学ノートに「ごめんなさい、死んでお詫びします」と遺書のようなものを書き残した。

再び戻ってきた母親は、ナミさんがいなくなったことに気づくと、慌てて「どこにおると、どこにおると！」と、ものすごい勢いで家中を探し始めた。玄関やベランダまで探し回り、パニックになっている母親の声がナミさんに聞こえてきた。別居していた姉や出張中の父親に「ナミがいなくなった！」と電話する母親。いつもは「貴様」とか「このキチガイ」などと呼ばれていたので、母親に名前を呼ばれたのは本当に久しぶりだった。

連絡を受けて帰ってきた父親と姉は、近所を探し回っている様子だった。母親はナミさんがいつ戻ってきてもいいよう、二四時間玄関の鍵を開けた状態にしていた。一方で、三人が色々話し込んでいるときに聞こえてきた母親の言葉は、ナミさんを案じる内容よりも「もしこれで私、逮捕されたらどうなるんじゃろ」「何か罪に問われることはなかろうか」といった内容だった。

決意の脱走

福岡市の報告書では、母親の供述などからナミさんがこの日に家からいなくなって三日後に発見されたことになっているが、実際にはナミさんは、排泄物で異臭が漂う自分の部屋の天袋に、三日間潜んでいたのだった。

あるとき、天袋の中で悪夢をみてうなされ悲鳴をあげてしまった。すると、物音に気づいた母親が押し入れのほうにやってきた。そして、ついに天袋を開けられてしまう。ナミさんの心臓は激しく音を立て、これで見つかったらどれほど殴られるだろうか、髪をつかまれ引きずりおろされるのではないかと恐怖におびえた。耳を澄ます母親。しかし身長が低かったため、ナミさんの姿までは見えなかったようで、そのまま居間に戻っていった。

そして三日目の早朝、ナミさんはそっと天袋を降りた。母親と父親は電気もテレビもつけたまま眠り込んでいた。それを確認すると、ナミさんは緊張で全身が強張るなか、音を立てないように廊下を歩き、そっと玄関に向かった。

ずっと家に閉じ込められていたためナミさんの靴は一足もなかった。ドアのノブをひねると「ガチャッ」という音が響いてぞっとしたが、ナミさんは、そのまま振り向かず、何も持たずに、裸足で外に飛び出していった。

その日は晴れていた。外の空気は新鮮で気持ちがよい。ずいぶんと久しぶりに見る外の景色。右も左もわからないが、やっと、やっと外に出られたと思った。と同時に、この先どうしたらいいのかと不安が湧き起こってきた。そのままナミさんは、ただひたすら歩いた。すると、通りすがりの女性に「どうしたの？　おうちは？　お母さんは？」と声をかけられた。驚くとともに、家に連れ戻されるかもしれないという恐怖が湧き起こり、ナミさんは大泣きした。

「もう帰りたくない、あんな家に帰りたくない。お母さんにまたひどいことされる」

その様子を見て、女性は、近くのコンビニに連れていってくれた。

当時からこのコンビニで働いている女性店員は、そのときのことをはっきりと覚えている。

「小学校低学年くらいですごく小さくて、おびえているような様子でした」

ナミさんは、コンビニでスリッパを履かせてもらい、温かいコーンスープと肉まんを食べさせてもらったことを覚えている。そして、冒頭で記したようにコンビニの店員からの通報を受けて交番から警察官が来て、ナミさんは保護された。一日たりとも学校に通うことのないまま生きざるを得なかった少女がようやく社会とつながった日だった。

ナミさんは保護後の心境をこう振り返る。

「最初から自分だけこの世にいなかったかのように隠されてきたので、周りでは『もう一人いたんだ』ってすごくびっくりする方もいました。そんなんだったら、いっそ、最初からいなかったことになりたかったなあって思ったりもしました。あのまま一八歳のときに逃げてこなかったら、たぶん今でも実家で同じような生活を繰り返していたんだろうと思います」

その後、博多警察署に移動して事情聴取が行われた。体の傷など証拠写真を撮られた。裂傷や擦り傷、殴られてケガをしていたので暴力を受けたことが確認され、この日のうちに母親は傷害の疑いで逮捕された。ナミさんは初めて接する多くの大人たちを前にほとんど話せず、本当のことは言えなかった。家族のことを話せば、どんな目にあうのだろうと恐ろしかった。

そのなかで警察の担当者から、「お母さんに重い罪を負わせたいですか、どうしますか」と尋ねられた。ナミさんは考えた。母親を精神科の病院に連れていって下さい、いやいっそ殺してほしい……。しかし、口をついて出たのは全く違う言葉だった。

「もういいです。自由にさせてください」

母親への優しさではなく、どうせ母親は本当のことを言わず、私が悪いと言い逃れるのだろうという恐怖から出た言葉だった。

そして、母親は一〇万円の罰金を支払って釈放された。

新生活の始まり

その後ナミさんは、女性保護施設に入所した。本来ならば、児童福祉施設での支援が必要なケースであり、福岡市の報告書でもそうするべきだったとしているが、児童福祉法が定める「児童」が一八歳未満を指すことから、すでに一八歳になっていたナミさんはその対象とならなかった。結果、適切な支援を受けられるような行き場がなかった。

入所時に話をした女性職員は、「髪、かゆくない？　切ってあげようか」と声をかけてくれた。ナミさんの髪の毛は長く伸び放題だった。母親は、怒りに任せてナミさんの髪の毛をつかんで根元から引き抜くことはあっても、「お前の汚い髪なんか触りたくない」と、切ってくれたことはなかった。職員の散髪によって、髪の毛は整えられてすっきりした。

衣服も汚れていたので着替えをもらい、食事が出された。温かいご飯を口に入れると、涙がこぼれた。

「ご飯ってあったかくて、こんなにおいしかったんだ……」

逃げてきたことを実感し、ホッとした。夜になれば、ちゃんと布団で眠ることができた。ふかふかの布団で体を休められるのなんて、いつ以来だろう。

しかし、母親との生活の影響から、行動するたびに常に職員の承諾を得ないと落ち着かなかった。夜になると母親に連れ戻される恐怖から寝付けず、ナミさんは布団を持って押し入れの中に入り、隠れるように眠りについた。

その施設は短期の利用しか認められていないため長くいることはできなかった。子どもの施設にも入れず、拠り所もなかったナミさんは、トラウマ症状への専門的な治療が必要だということで、その後精神科の病院を転々とすることになった。

ある日、行政の支援を活用して生活必需品を買いそろえるため、支援員の人と初めてシヨッピングモールを訪れた。そこには、これまで目にしたことのない物が、あふれるほど並んでいた。そこで初めて、自分のために好きなものを買った。ナミさんは、病院の自分の部屋に戻ると、買いそろえた服や小物を全部並べた。私のものだ。初めて買えた私ののだ。そう実感し、ナミさんは号泣した。

繰り返すフラッシュバック

ただ、一八歳になってようやく始まった社会生活は容易ではなかった。まず、長い間、自分に危害を加える母親としか接してこなかったため、人とのコミュニケーションの仕方がわからない。自分の振舞いはおかしいのではないか、変に思われていないか、常に緊張が走りストレスとなった。

最初に関わりを持った児童相談所でナミさんを担当したケースワーカーの河浦さんは、直接児童相談所では保護できないものの、その後も福祉や医療の関係者との橋渡しをして、彼女を見守ってきた。ナミさんが、フラッシュバックでパニックに陥ったりすれば、その都度駆けつけた。

精神科の病院を何度か移るなかで、嫌な思いをして病院を抜け出して行方不明になったこともあった。夕方に連絡を受けて河浦さんが探し回っていると、深夜零時ごろ、かつて入院していた病院からナミさんが来ていると連絡が入った。病院に迎えにいくと歩き疲れた様子のナミさんがいた。

河浦さんの顔を見ると「こんなに苦しくなるのはもう嫌だ。変わりたい」と涙ながらに訴えた。うまく社会になじめないもどかしさや、湧き起こる怒りの感情、ひどい虐待によるトラウマ感情をどこに向けていいのか、自分を制御できずに苦しんでいるようだったという。

夜が明け、河浦さんはナミさんを、抜け出した病院に送っていった。別れるときの寂しそうな後ろ姿が今でも忘れられないという。感情を制御できずに混乱して暴れるナミさんが、河浦さんに当たることもあった。コップを投げつけたり、飛びついて首を絞めたりしたこともある。

「小さな小さな体で飛びかかってきました。それほどに重いものを抱えていたんだと思います。学校にもずっと通っていないので社会というものがよくわからない。安心できる安全な場所が必要なんだけれども、それが想像できない。彼女が安心して暮らせる場所に連れていけと訴えるので、『ここがそうだよ』と我々が病院に入院させても、ここじゃないと思ってしまう。不適切な養育環境にずっといたので、社会や人に対する基本的な信頼の獲得が難しいのです。さらに、ふとしたことでトラウマ反応が起きてしまう。本当につらかったと思います」

ナミさん自身も、保護された当初の苦しさを振り返り、こう語っている。

「集団生活がとにかく苦手で、人間関係が続きませんでした。他の入院患者さんの家族や友人の面会とか、そういうのを見ていたら本当にうらやましいなと。だけど私には面会に来てくれる人はいない。それに、自分は別に病気なわけではない、治療はいらない。そういういろんな思いがあったので、他の人との会話もなかなか弾みませんでした」

自由と「空白」の重み

やがてナミさんは二年ほどで病院を退院し、河浦さんら周囲の反対を押し切って一人暮らしをはじめた。集団生活よりも、一人で暮らすほうが生きやすいと考えたからだった。

しかし、過去の影響は様々な場面に現れた。最初のころは、買い物するときは常にレジでお札を出して対応した。細かな小銭の扱いや計算をとっさにするのが難しかったからだ。地下鉄に乗れば、どこだかわからないところまで行ってしまうこともしばしばだった。自暴自棄になった時期もあった。深夜の町をひたすら歩いたこともあった。

生活が荒れるなか、いつも通る道に子どもが通う施設があるのを見つけた。児童養護施設だった。このままではダメだと悩んでいたある日、ナミさんは「自分に何かできることはありませんか」と、その施設に飛び込んだ。そこで子どもと遊ぶボランティアを始めることになり、同年代の友人も初めてできた。その友人の女性は、公園でナミさんに自転車の乗り方を教えてくれた。練習を繰り返し、ナミさんは自転車に乗れるようになった。二三歳のときのことだった。

自転車という移動手段の獲得は、ナミさんの世界を広げていった。ナミさんは、自転車を何時間もこいであちこち出かけた。手にした「自由」を実感できたときだった。

料理も、ナミさんが手にした自由のひとつだ。元々センスがあるのか、得意だった。私たちが取材でナミさんの家を訪れたときも「家庭の味とかお袋の味なんて知らないですけど」と言いながら、手際よく料理やお菓子を作っていた。

「長い間、いろんな所に行くことができなかった分、改めてゆっくり時間を作ってどこかちょっと遠くまで歩いたり、自転車でひとりで行けたりするようになったときは嬉しかった。こういう風景があったんだとか、こういう場所があったんだとか、自分の住んでる近くにこういうおいしいお店があったんだなとか。外に出られたというのもあるんですけど、何より自由になれたことがよかったたって思いました。やっぱり、自分の好きな時間に起きて自分の好きな時間にご飯作って食べて、外に出たいときに出たり、自分の好きな音楽を聴いたり、好きな風景を見たり……。なんか普通の生活っていうか、日常を取り戻せたって感じられましたね」

一方で、一八歳までの空白と傷を抱えながら、生きていく術を身につけることは容易ではなかった。資格はもちろん、学歴は何ひとつない。二三歳のときに児童相談所で数週間ほど特別に教育を受けて、小学校と中学校の卒業証書を何とかもらった。途中、母親からずっと漢字などの書き取りをさせられた時間がフラッシュバックして、苦しんだ。

「周りの人たちは、すごいね、よく頑張ったねって言ってくれたんですけど。何がすごいのかなって。二三歳で小学校の卒業証書もらって、むしろ恥ずかしかったですね」

取り戻せない時間

取材のなかで、ナミさんと一緒に、ある小学校を訪れたことがあった。ナミさんは、以前にもひとりで学校を訪れていたことを明かしてくれた。

「本当はこの学校に通うはずだったんです。見学させてもらえませんか、ってお願いしてみたんです」

ナミさんが勇気を出してそう伝えたところ、学校の教員は快く承諾してくれたという。学校の廊下を進むと、教室の中から子どもたちの声が聞こえた。授業をする先生と学ぶ子どもたちの姿があった。

「私も、もし学校に行けてたらあんなふうに勉強したのかな」

ナミさんが私たちと再びその学校を訪れたのは、夏真っ盛りの八月初旬の夕方だった。まだ陽が高く、その学校は地域に校庭を開放していたため、自由に入ることができた。

「行ってきてもいいですか？」

道路から学校を眺めていたナミさんが振り向いて言った。もちろん、と送り出すと、彼女はゆっくり校庭を歩き、校舎脇の向日葵《ひまわり》の花壇にまっすぐ向かった。そして、自分の背よりずっと高い向日葵の花をしばらく見上げたあと、スマートフォンを向けて、夏の空を背景に向日葵の写真を撮り続けていた。

戻ってきたナミさんは、画面に収まった満開の向日葵を見せてくれた。

「私、向日葵って大好きなんです。ちゃんとまっすぐ育っていくから」

そして、こうも言った。

「なんか、学校ってやっぱりテンションあがりますね。来てよかった」

切なくも、優しい笑顔だった。

ナミさんは、今回、苦しい時間を思い出す作業を伴いながらも取材に応じてくれた理由をこう語る。

「普通の生活だったり、楽しい学校だったり、たくさん学んで、ちゃんと社会に出ていける子どもたちがひとりでも増えるといいなと、本当に思います。私自身、そういう経験がしたかったから。閉じ込められたまま一八歳まで過ごしてきて、今、社会に出て九年経ちます。その九年間でいろいろなことを学んで、いろんなことがありながらも頑張っている人たちにも出会いました。でも、自分は……。マイナス思考ばっかりで、よし頑張ろうと思って動いても、どこかでつまずいてうまくいかなくなることがすごく多いんです。そういう意味では、もうちょっと早く逃げてくれれば、助け出してくれれば、今の状況も変わっていたんじゃないかなって。本当に『悔しい』という一言なんです。一八年間っていうのは決して取り戻せないし、簡単に取り戻せとか言われてもできないので。もう同じような思いをする子どもが生まれてほしくないんです」

一八年の重さを抱えて

これが、ナミさんが話してくれた「空白」の一八歳までの日々と、保護されてからの顛末である。一方で、ナミさんの母親は、何を思っていたのか。ひどい仕打ちを聞けば聞くほど、私たちの疑問は深まった。私は母親の元を何度か訪ねたが、一度たりとも会うことはできなかった。

ナミさんもずっと考えてきた。自分には優しかった祖母が、母親が子どものころは厳しく当たったという話を聞いたことがあった。母親自身も虐待されていたのだろうか。父親である夫の不在も大きいかもしれない。三人の子どもの育児を妻に任せきりだったのが影響したのか。夫婦が互いに激しく罵り合う様子が鮮明に記憶に残っている。また、兄たちの非行もあった。気の休まらない日々だったことだろう。そこに自分という望まない子ども。いらない子どもだった、という言葉を何度も耳にした。

このように、いろいろと母親が虐待にいたった要因を思い浮かべてみるが、だからといってそれが自分にされた行為に結びつくほどの理由になるとは納得できない。ナミさんは、驚くほど冷静に振り返りながら「今もわからないままですね」と静かに話した。

ナミさんは、かろうじて生き延びた「消えた子ども」だった。

冒頭で紹介した厚木市の理玖くんのように、社会から消えたまま命を落としていった子どもたち。ナミさんは、そんな子どもたちの声なき声を、伝えられなかった実態を、懸命に代弁してくれた。

そこには、行政の報告書や、事件発生時の報道ではわからなかった、想像を絶する現実があった。当事者自身から、人生を左右する様々なリスクについて実態を聞くことの重要性を強く感じた出会いであり取材であった。

また、ナミさんとの出会いは、私たちに新たな疑問をもたらした。報道などを通じて世に出てくる「消えた子ども」は、残念ながら命を奪われる結果になってしまったことで表面化した氷山の一角ではないのか。命まで奪われなくても、身勝手な大人たちにより社会との接点を絶たれ、人生に大きな欠落を抱えて苦しんでいる子どもは把握されていないだけで、実際にはかなり多くいるのではないか——。

私たちは、ナミさんから与えられた宿題ともいえるその疑問を解消しようと、かつて行われたことのない実態調査に乗り出した。

第二章　「消えた子ども」一〇〇〇人超の衝撃

動き出した大規模調査

「ピーッ」

電子音とともに、ファックスがガタガタと動き出した。

二〇一四年一〇月。渋谷のNHK放送センターに設けられたプロジェクトルームでは、専用のファックスが鳴り続けていた。駆け寄って印刷された紙を手に取り、急いで目を通す。


「車の後部座席でミイラ化していた男の子」

「ケージに入れられていたため、両足の発達が未熟」

「社会との関係を一切断たれた家庭内監禁状態。社会常識が全く身についておらず、雨が降ったら傘をさすことを知らなかった」

「ネコの糞やオムツなどのごみが大人の腰の高さまで積み重なった隙間で幼児が眠っていた」

衝撃的な言葉の数々——。これが、この国で起きていることなのかと、目を疑った。
自らの意に反して登校できない、近所の人にもその存在を見つけてもらえない「消えた子どもたち」の実態はどうなっているのか。理玖くんやナミさんの取材を通じて浮かんできた疑問から、私たちが大規模調査に動き出したことは前章で述べたとおりだ。

大規模調査は、開始までに幾度となく検討が重ねられた。まず、その意義について。これまでに国や行政が把握している数字が全くないわけではない。所在不明の子どもについては、文部科学省が毎年行う学校基本調査において「一年以上居所不明」となっている児童生徒数を調べている。

また厚生労働省は、相次ぐ事件をうけて二〇一四年に全市区町村に対し緊急の調査を行い、一八歳までの全ての子どもを対象に所在不明となっているケースを確認した。その年の一〇月時点で一四一人が、乳幼児健診を受けていなかったり、学校に通っていなかったりして姿を消していることがわかったと発表している。

ただ、これらの調査は、原則的には住民票があるものの家庭と一切連絡が取れず音信不通になっているケースが対象で、DVから避難するため保護者が意図的に自治体に所在を連絡していなかったり、保護者のどちらかが外国籍で母国に帰っていたりするケースが多く、子ども自身に大きな危険はないという見方が示されていた。一四一人のうち虐待の疑いがあるとされたのは四人だった。

この調査には、そもそも住まいを転々とするなかで住民票が抹消されてしまった子どもや、ナミさんのように保護者には会えていても子ども本人の姿を確認できないケースは含まれていない。またいま現在「消えている」ため、その原因や置かれている状態が見えてこない。そのことが危機感を持ちにくくさせ、対策の鈍さを生んでいると感じられた。

そこで私たちは、過去に「消えて」いた時期がある子どもの事例から、社会から子どもが姿を消す理由と時期、その詳細な状況と子どもに生じている影響など、その実態を明らかにしたいと考えた。

だが、すぐにひとつの壁にぶちあたった。そうした子どもがどこにいるのかわからないということだ。取材班で知恵を絞った結果、手始めに、何らかの理由で子どもが入所する可能性のある施設数十ヶ所に話を聞いてみた。いうなれば本格的な調査の前のサンプル調査的な位置づけだ。すると、一つひとつの施設としては、それほど数は多くはないものの、貧困、虐待、DVなどを理由に住む場所を転々としたり、家に閉じ込められたりしているケースは確実にあることがわかってきた。

そこで本格的な調査では、そうした子どもがいる可能性がある一時保護所併設型の児童相談所や、保護された子どもなどが暮らす児童養護施設、何らかの理由で精神的に不安定になり治療を必要とする子どもが入所する情緒障害児短期治療施設など、あわせて一三七ヶ所を対象とした。

鳴り止まぬファックス

調査においては、「概ね一ヶ月以上、自分の意に反して学校などの社会との接点を絶たれ姿を消していた子ども」についてたずねた。この一〇年に入所していた子どものうち、そうした子どもが何人いるか、それぞれどんな状況だったのか、一人ひとりの詳細について聞いた。

大規模な調査であるうえ、個々の事例について具体的に尋ねる内容だったことから、ほとんど回答が得られないのではないかと手探りで始めた調査だった。調査自体が無駄に終わるのではないかと危惧していたなか、締切日を迎えるとプロジェクトルームに設置した専用のファックスが鳴り始め、施設からの回答が次々と寄せられたのだった。

しかし、一定数のデータを集めるまでの道のりは平坦ではなかった。一週間も過ぎると、回答も滞っていく。そこで私たちは、各施設に連絡を取って、調査の趣旨を説明させてもらった。その過程では、忙しさや、マスコミへの不信感から、「何でこんな調査をやるんだ」という叱責を受けたり、「忙しいので回答しないと、児童相談所の所長同士で決めた」と都道府県単位でまるごと断られたりすることもあった。国や行政が実施するものと違って、何の権限もない一マスコミの調査であり、内容的にも手間のかかるものだったことから、ただでさえ子どもへの対応で忙しい施設の人たちが難色を示すのは当たり前とも言えた。それだけに、私たちの取材の趣旨に賛同して「そういうことなら協力する」「少し遅れるけど必ず送ります」と言ってくれた施設が数多くあったことに勇気づけられながら、電話越しに頭を下げ続けた。

子どもが置かれている実態をちゃんと浮き彫りにすることができるだろうか——。

私たちは胃が痛くなる思いで待った。

驚愕の実態

ありがたいことに一二月に控えていた番組の放送ギリギリまで回答は送られ続けた。そして、最終的には児童相談所や児童養護施設を中心に、六割に当たる八三四ヶ所が回答してくれた（調査実施は二〇一四年一〇月から一二月）。

集計の結果、「消えた子どもたち」は、この一〇年の間に施設に保護されていただけでも、少なくとも一〇三九人いたことが明らかになった。記録が残っていない施設や、未回答の施設があること、そもそも保護されていない子どもがいることを考えると、この結果は氷山の一角であり、相当数の子どもが社会との接点を失って姿を消し、危機に直面していることがうかがえる数字だった。

そこには、これまで様々な事件を取材してきた私たちでさえ、言葉を失う実態が記されていた。送られてきた一つひとつの記述に、それぞれの子どもたちの過酷な人生の一部が浮き彫りになっている。集計と分析結果の前に、保護されたときの子どもたちの様子をいくつか紹介したい。

・「ごみ屋敷で生活。笑顔はなく顔の表情筋が衰えている。服を着たことも、外へ出たこともない。泣くこともない」……最も表情豊かに過ごすはずの幼児期、四年間社会と断絶された。要因は「親の虐待・ネグレクト」。

・「親の知人宅に放置され、衣服も汚れて臭かった。便座を机代わりに勉強していた」……母親は夜の仕事で、保育所や学校に通わせてもらえずネグレクト状態だった。

・「中学生で保護されたが自転車にも乗れなかった。幼児期よりほとんど教育を受けていない。大人への言葉使い、学校での授業の受け方がわからず大声を出していた」……母親の意向で小中学校に通わせてもらえず。布団で寝たこともない様子だったという。

・「幼い兄弟だけで暮らしていた。保護時、体は垢まみれで相当不衛生な環境だった」……その後もコミュニケーションに問題を抱えている。

・「無戸籍。発達の遅れ、学習の遅れ」……保護されるまで一度も学校に通っていなかっ

図1　消えた理由

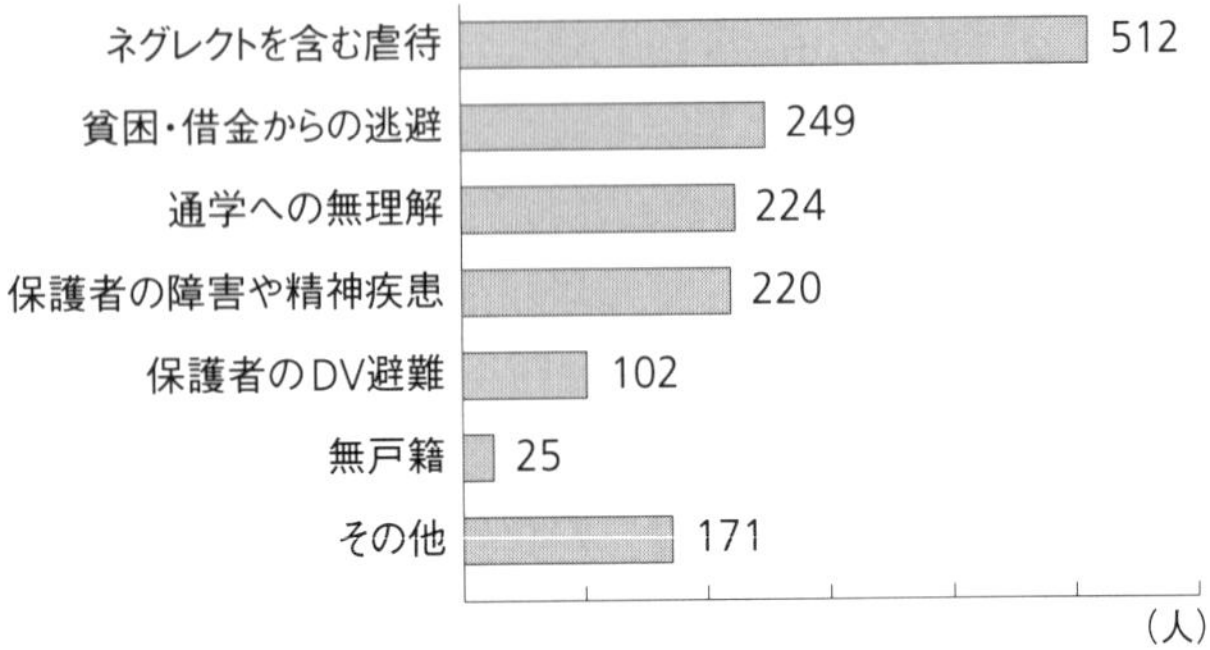

※詳細な回答が得られた813人から集計（複数回答）。

た中学生。母子家庭で水道も止められるような状態。小学生の弟はオムツをしていた。

・「家から一歩も出たことがない。髪は伸び放題。言葉が話せない。食事は犬のように押し込んで食べる。飢餓状態の子どものように腹が膨れている」……その後も体の発達と学力に課題を抱えている。

多数の回答によって、事件になって社会に表面化するケースはひと握りだということがあらためてわかった。そして、国の調査ではわからなかった、その背景や実態も見えてきた。集計の結果は次のようなものだった。

①消えた要因

なぜ子どもたちの姿が、社会から消えていって

図2　消えていた時期

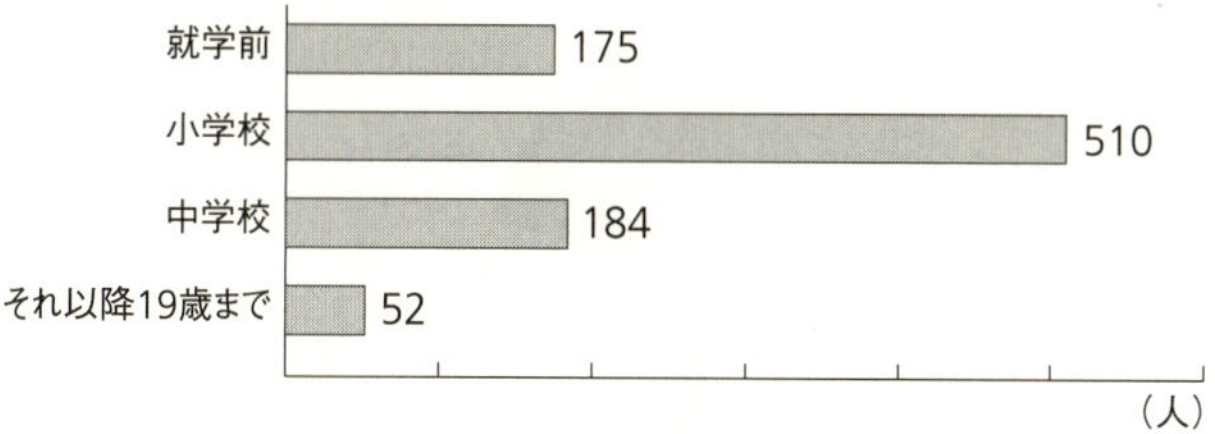

※詳細な回答が得られた813人から集計（複数回答）。うち義務教育期間は623人（小中の重複が71人いるため）。

しまうのか。アンケートでは、その要因を複数回答で尋ねた。詳しい状況について回答のあった八一三人分の結果を見ると、「ネグレクトを含む虐待」が最も多く五一二人。全体の六割強にあたる。次いで「貧困」や「借金からの逃避」といった経済的理由が二四九人、「通学への無理解」が二二四人、「保護者の障害や精神疾患」が二二〇人と続いた。さらに、無戸籍によるという回答も二五人いた。

②消えていた時期

また、いつ消えていたのかについても聞いた。最も多かったのは、小中学校で義務教育を受けられなかった時期のある子どもで、六二三人と、時期を把握できたうちの七七%を占めた。追加取材をすると、幼稚園や保育所など就学前は、行政の関わりに差があったり、幼いゆえに子ども本人の記憶があいまいであったりして、実態が

図3　消えていた期間の長さ

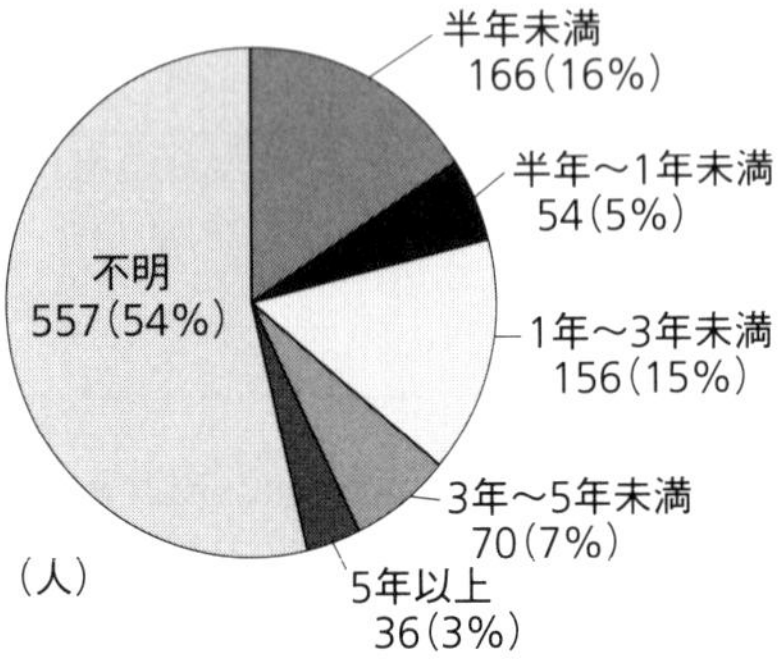

つかみにくいという声を多く聞いた。

また、高校に通う年齢の子どもについては、退学や不登校が本人の意思か否か把握されておらず、義務教育に比べ学校の関与も薄れることで実態が見えにくいと感じた。この点はナミさんの問題とも重なる。それだけに、法律上教育を受けさせることが義務づけられている小中学校において、そのチャンスを生かして、子どもをしっかりと把握することが重要だと強く感じた。

③消えていた期間の長さ

社会との接点が絶たれた期間の長さについて詳細がつかめたケースは四八二人。そのうち、学校に行かせてもらえなかったり、親に連れられて住む場所を転々としていたりして社会との接点が絶たれた期間が一年以上に及んでいた子どもは二六二人。全体の四人に一人、期間が判明したうちの半数以上に上った。最も長いケースでは、生まれてから一一年間、ずっと家に閉じ込められていた子どももいた。また短期間であっても、その間に極めてひどい虐待を受け、命の危機にあった子どももいた。

子どもが消えるとき

さらに集計結果の分析や追加取材を進めると、いくつかの傾向が見えてきた。

①貧困のはてに——ホームレス状態で消える

一つ目は、行政のネットワークだけでは居場所をつかみにくい事例、路上生活や車上生活などホームレス状態に陥っている子どもたちのケースだ。居所不明問題でよく言われる、DVなどで保護者ともども住民票を移さず他の自治体に逃げた結果消えるケースであれば、引越し先の行政とつながった段階で情報をやりとりする仕組みの構築など、改善の余地はある。しかし、そもそも保護者が借金といった経済的な理由などを抱え、逃げた先で行政とつながろうとしないケースは対応のしようがない。

今回のアンケートで、ホームレス状態を経験していた子どもは詳しい状況がつかめただけでも八五人に上った。こうした子どもたちは、数字上は国の調査で出てくる「居所不明」の子どもたちと重なるはずだが、あの数字の裏で、実際は路上生活や車上生活をしている子どもがいるとは想像もしていなかった。

「コンビニで廃棄されたものを拾って食べていた。公園やマンションの片隅で寝泊りしていた。体格がとても小さく背骨が曲がっていた」という中学生もいた。

また、幼い兄弟が「自動販売機の裏で寝ていた」という回答もあり、どういうことかと取材をすると、自動販売機の裏はずっと電気が点いていて暖かいため、冬場の夜間はそこで暖をとって寒さをしのいでいたというものだった。

他にも、河川敷で暮らしていて、繰り返し虫にさされた痕が、保護されたあともなかなか消えない女の子、ホームレス状態になった父と野宿していた男の子もいた。親の借金による車上生活で、日中はパチンコ店で落ちた玉を拾って親に渡す生活だったという兄弟。同じく車上生活をしていた小学生は、公園で洗顔をしていた。

②虐待・ネグレクトによって消える

二つ目は、自宅にいるにもかかわらず、親が囲い込むことで社会との接点を絶たれるケースだ。既に述べたように、これまでの国の調査では、家族と連絡がとれている場合は「居所不明」とは見なされず、また、不登校との見極めの難しさから見逃されてきた。

アンケートでは、学校の教員などの訪問時に親が、「子どもが会いたがっていない」「親戚の家に預けている」「子どもの体調が悪い」などと嘘をつき、その裏で親が子どもを自宅に閉じ込めていたり虐待をしていたりしたケースが多くあった。ナミさんと重なる事例がいくつも出てきたことに、驚くとともに問題の闇の深さを感じた。

「母に家に置き去りにされ、万引きをして飢えをしのいでいた」という小学生は、学校の先生が来ても居留守を使ったり、「親は夜になれば帰ってきます」と嘘をついたりしていたため、不登校だと思われていた。教育への意識の低さからくるケースもあれば、外に出たら「絶対にひどいいじめにあう」「感染症になる」と親が妄信して閉じ込めるケースもあった。

③精神疾患の保護者と消える

パターン②のように、家にいるのに消えるケースのなかには、保護者自身がＳＯＳを出せないケースも目立った。保護者の精神疾患や障害によって子どもが徐々に社会から消えていくパターンである。

経済的に困窮して働き詰めとなったひとり親が、うつ病などの精神疾患となり、育児も家事もできない状況に陥り、洗濯も入浴もままならなくなる。子どもは不衛生になり、学校に行っても「臭い」などと言われていじめられ、家にこもるようになる。しかし親はそれを改善して送り出してやることもできない。そのうち家はごみ屋敷のような状態になり、親子ともに困っているのに誰にも助けを求められないまま孤立していく――。こうしたケースは少なくなかった。

学校に行かせてもらえず、母親のリストカットを見ていたという小学生のケース、ごみだらけの部屋で幼い女の子が食料の買出しを行い薬づけの母の世話をしていたというケースもあった。

施設から寄せられた回答では、不登校の児童や生徒が一七万人を超えるなかで、「不登校なのかネグレクトなのか、家庭の事情に深入りできない」「本人に会えないだけでいきなり強制的な介入には踏み切れない」など、家にいることがわかっているにもかかわらず、子どもも本人に会えない場合の対応の難しさを指摘する声が相次いだ。ナミさんの証言どおりの実態が浮かび上がってきたわけである。

自由記述欄には、教員に限らず、必ず行政機関の誰かが子どもの姿を現認する必要があるという意見があった。その訪問作業を通じて、子どもが困っているのは「学校には行きたくない」からなのか「行かせてもらえない」からなのか、そして保護者自身も経済状況や就労、疾患、育児で困っているのではないのか、その裏側を確認しなくてはならないと強く感じた。

保護後も残る深刻な影響

消えた子どもたちが無事保護されたとしても、その後様々な困難が待ち受けていることは容易に想像できるし、実際にナミさんのケースでも見た。義務教育さえ受けられないなど、一定期間、社会とのつながりを断たれていた子どもたちは、どのような影響を抱えることになるのか、調査では複数回答で尋ねた。

最も多かったのは、「学習の遅れ」で五五四人、「進学に影響」を含めると全体の七割余りに上る。次いで「体の発達に影響」が一五七人、「非行・犯罪」が一三〇人、「ＰＴＳＤ（心的外傷後ストレス障害）等のトラウマ症状」は九〇人。

また、その他の欄の記述のなかには「コミュニケーション能力が低い」といった対人関係の記述も多くあった。詳細が把握できた八一三人のうち九割にあたる七四六人が何らかの影響に苦しんでいた。

具体的にはどんな「後遺症」に苦しめられているのか。記述回答の一部を記す。

・一七歳で保護されたが漢字が書けない。計算ができない。
・長い監禁生活により、筋肉がなく、坂道を下り始めると止まることもできない。

図4　保護された後の問題

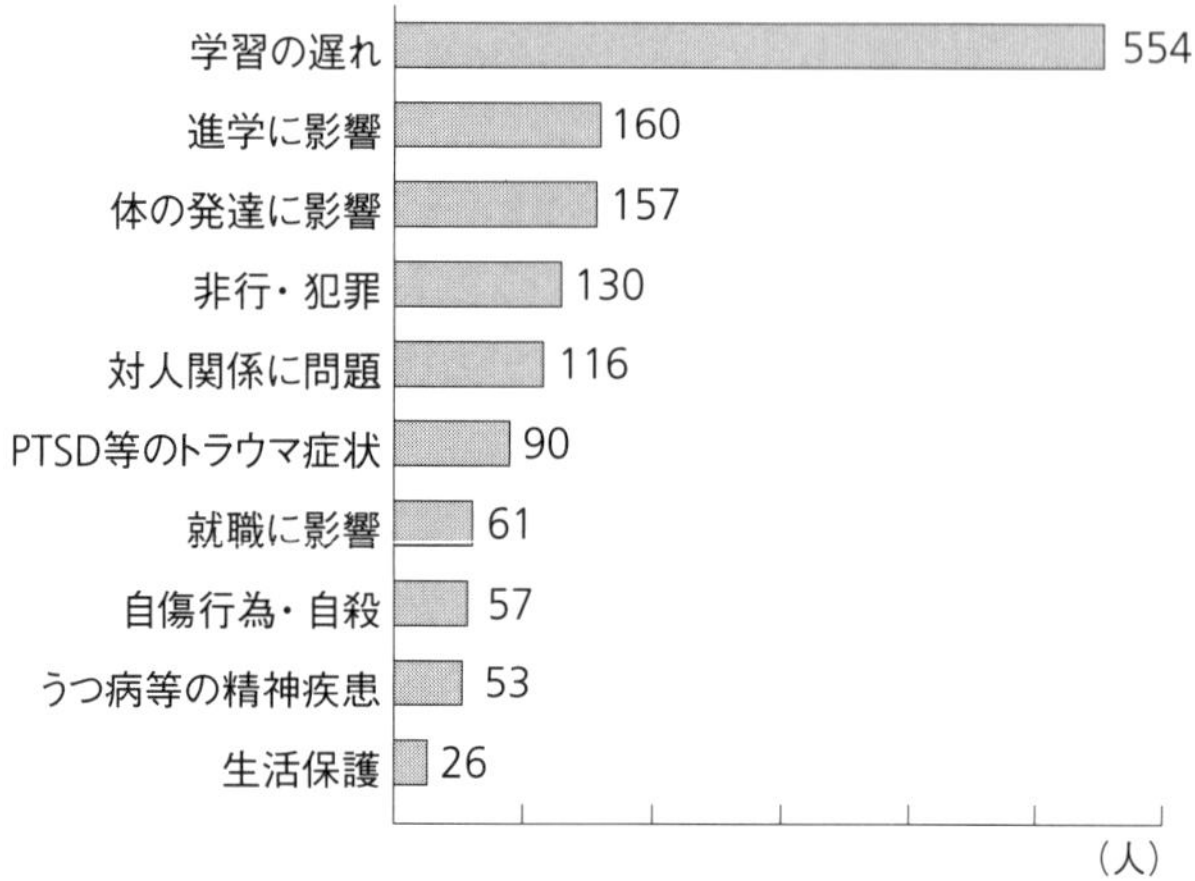

※詳細な回答が得られた813人から集計（複数回答）。

・幼児なのに自傷行為があった。

・低身長、目に生気がなく、焦点の定まらない無表情。

・閉じ込められていたため、色が真っ白で、土踏まずが形成されていなかった。

・生首の絵を描き、死にたいと口にする。精神科の薬がないと生活できない。

・箸が使えず手づかみで食べた。家で食べたことがない食材が多く名前もほとんど知らなかった。

・小学校一年生で「僕は誰を信用すればいいの」と話した。

・気持ちをコントロールできず、カーテンを切る、物を投げる、壊すといった行動に出る。

個別に取材すると、身体面の影響は小柄であったり痩せ型であったりと長期に影響が残るケースもあったが、筋力や虫歯はリハビリや治療で回復するケースも多かった。長期に残るのはやはり対人関係への影響で、なかには、保護されたあと社会に適応できないことに苦しみ続け、自ら命を絶った女性もいた。このケースについては、第六章で詳しく記すことにする。

困難を極めた追跡取材

私たちは、データの集計分析と同時並行で、それぞれの個別事例について回答してくれた施設に対し取材を重ねた。多くの施設が、少しでも子どもの実態を伝えようと、電話で一時間以上話してくれたり、訪問を受け容れてくれたりした。私たちは北海道から九州まで全国に飛んで話を聞いて歩いた。聞けば聞くほど、子どもたちの苦しみを何とか伝えたいという思いが強まった。そして、これまでのように支援する大人の側の目線だけではなく、子どもたち自身の声を届けたいと思った。

一八歳まで監禁されていたナミさんが「誰も私自身に聞いてくれなかった」と嘆き、周りの大人の話だけで事態が報じられたことに傷ついていたことを思うと、「子どもに聞くのはかわいそうだ」と、こちらが勝手に判断してはいけないと思った。しかし、当事者である子ども自身に取材するのは、非常に実現が難しいと、すぐに思い知ることになる。

取材拒否の理由は大きく分けて二つあった。

まずは、協力先の負担やリスクの問題。言うまでもなくNHKは映像メディアだ。アンケートの結果を公表したり話を聞いたりするだけでなく、子どもたちを撮影しなければならない。たとえ顔を映さず、声を変えるなどの方法で匿名性を担保したとしても、活字メディア以上に子どもの負担になり、子どもに危害を加える恐れのある保護者に気づかれてトラブルとなるリスクを伴う。訪問や電話で、実態を伝えたいと詳しく話してくれた施設の方々であっても、本人への取材を依頼すると「本人へはちょっと……」と断られることが続いた。

そもそもアンケート調査自体、回答に手間がかかる、個人情報だから、と拒否する施設も多かった。「実態はぜひ伝えてほしいけど、うちは協力できない。他の施設に頼んでほしい」と言われたこともあった。

多忙やリスクを理由に取材を断られること自体は、他のテーマでもよくあることだった。だが、もうひとつは今回のように特にデリケートなテーマゆえの理由だった。子どもが取材に応じられる状態にないのだ。

「子ども自身が、社会から断絶されていた間の重い影響によって、人と話せる状態ではない」「今もうつ状態で知らない人に会えない」「あまりにひどい事例なので、個人が特定されてしまう」云々。これらは非常に納得できる理由であるとともに、一層事態の深刻さを感じさせるものでもあった。とてもそれ以上はお願いできなかった。

「現場」に背中を押されて

私たちは、アンケートによって、この日本という国に、その存在を消され、過酷な状態で生きることを強いられた子どもたちが多くいることを知り、その当事者たちの肉声を伝えたいと思った。

だが、一番苦しい子どもほど、その実態を伝えられないというジレンマを抱えることになった。私たち自身がその実態を知って驚いただけで、何も伝えられずに終わるのか――。

子どもたちへの申し訳なさと強い焦燥感を抱えながら取材を続けた。何度も断られながら、心のどこかで「自分の経験を自分の言葉で伝えたい」と思っている子どもがどこにもいないのなら、仕方がないのかもしれないとさえ思った。

だが、果たして本当にそうだろうか、テレビで顔を出して自分の言葉で伝えてくれたナミさんの顔が浮かんだ。私たちは全国の児童福祉施設に説明して回った。

なかなか子ども本人への取材がかなわず、焦りを募らせる私たちを後押ししてくれたのもまた、アンケートだった。

今回のアンケートでは、日々子どもたちに向き合っている施設の方々が考える課題や対策についても尋ねた。Ａ４の回答用紙の半分ほどの記述欄は、様々な意見でびっしりと埋めつくされていた。自分の施設に該当する子どもがいなくても、現場ならではの問題意識を伝えようと書き込んでくれた施設、記述欄だけでは足りなくて別紙に意見をまとめてくれた施設もあった。その一部をご紹介する。

・近年では今回のアンケートのように社会から消える子どもたちが年々増加していると思う。水面下ではまだまだたくさんの子どもたちが苦しんでいると思う。要因としては、核家族化、精神疾患、地域の希薄化といった保護者を取り巻く環境が、力ない子どもたちへのしわ寄せとなっているのではないか。

・大都市では隣にどのような人が暮らしているかがほとんどわからない。そんな状況のなかで「姿の見えない子ども」を発見するのはとても難しいことだと思う。地域社会と関係を持ちたくない、わずらわしいと考えている人がおり、これらの人たちの意識を変化させることが課題であると同時に、周りの住民が見守りネットワークを広げるということが必要だと思う。

・複合的な課題を抱える家族が地域社会から「ネグレクト」され、孤立を深め問題がより重篤化した先に、厚木市の理玖くんのような事件が起きてしまうのではないか。メディアの報道も「犯人探し」に終始していたように思うが、体制強化などたくさんやるべきことがあると思う。まず取り組むべきことは、地域に暮らす私たち一人ひとりが「姿が見えない子ども」を生まないためにはどうすればよいか、真剣に考えることではないか。

・周りの大人の気づき。様子がおかしいと思うこと。社会から消える子どもたちをなくすには、ちょっとした「おかしい」を流さずにきちんと考えることが大切だと思う。地域と児童相談所がうまくつながることで、一人でも多くの「消えた子ども」が見つかる社会にしたい。

私たち自身、消えた子どもがもっと多くいるのではないかと推測して動き出したものの、それが本当に起きている問題なのか、疑念を持つこともあった。だが、現場で奮闘している人たちから寄せられる声に触れるたびに、自分たちの考えは間違っていなかったと確信を強めていった。

やがて、ぽつぽつと、「本人は話したいと思っていることがあるかもしれません」「子ども自身が決めることだと思うので聞いてみます」「本人が話したいなら」「こちらもちゃんとサポートするので大丈夫ですよ」などと言ってくれる方が現れ始めた。

そして、「どんなことを知りたいのか会って説明を聞いてみてもいい」「自分の経験でよければ話してもいい」と言ってくれる子どもたち二三人に出会うことができた。

小学六年生から一九歳までの少女や少年たちが、自分の言葉で話すことを決断してくれたのである。このあとの章に出てくる子どもたちの声にも、ナミさん同様、「自分のような思いをしてほしくないから話すと決めた」という決意と大切なメッセージが込められていることを、あらかじめ記しておきたいと思う。

あわせて私たちは、そうして取材に応じてくれた子どもたち、それぞれのケースについて、関係機関はどのように動いたのか、なぜ見つけられなかったのか、何が壁になったのか、証言を集めて検証する作業も進めた。次の章からは、そこから見えてきた「消えた子どもたち」の置かれた実態と、問題の深層を記していく。

第三章

貧困のせいで子どもがホームレス、犯罪に

ホームレス化する子どもたち

　深夜、首都圏のとある「道の駅」。売店やレストランが閉店し、外灯だけが闇を照らす駐車場には、仮眠をとるドライバーを乗せた長距離トラックに交じって、少し様子が異なる車が何台か停まっている。車内は後部座席から助手席まで荷物が積まれ、スーパーの袋に入ったゴミとも食品とも見分けがつかない物があふれている。いわゆる「車上生活者」たちだ。

　道の駅の職員は語った。

「なかにはガソリンも買えなくなって車が動かなくなってしまい、一年以上そのまま住み続ける人もいるよ。こちらも移動してほしいんだけど、なかなか動いてもらえなくて困るんだよ」

　そしてこう続けた。

「子連れの家族も見かけるよ。ずっと同じ服のまま遊んでいる兄妹がいるから、おかしいなあなんて思ってると、車で転々と移動してる一家でね。こちらも親と一緒だと通報しにくいし、そういう家族って各地の道の駅を転々とするから気がつくといなくなっていてね。あの兄妹、今ごろどこで何しているんだろう……」

　子どもが消える大きな要因として、今回のアンケートからは「貧困」が浮かんできた。

第二章で触れたように、そのなかでも印象に残ったのが、車上生活や路上生活など「ホームレス化」して消える子どもたちの姿だった。保護されるまでの間、一体どんなふうに生き延び、何を感じていたのか。

車で眠る日々――ケンジくんの場合

一一月、かつて車上生活をした経験のある高校三年のケンジくん（仮名）が、私たちの取材に応じてくれた。

「あぁ、こんな感じの場所でしたね」

ケンジくんが教えてくれたのは、地方都市の高台にある大きな公園の駐車場だった。周囲に民家はなく、駐車場の入り口に外灯が一本あるだけで、夜間には一〇メートルも離れれば顔も見えなくなるほどの暗さだった。奥のほうには車が何台か停まっていた。

「昼間は公園のほうに行って遊具で遊んでました。夜は車で寝るんだけど、両親と弟たち四人のあわせて家族七人が一台の車で暮らしていたので、シートを全て倒してもぎゅうぎゅうで。前の座席だと肩を小さくして、座ったまま寝るんですけど、体中が痛くてたまりませんでした」

ケンジくんは、小学校四年の途中まで、普通に地元の小学校に通っていた。二学期のある日、突然親に荷物を簡単にまとめるよう言われて、一家全員、車で家を出た。父親の仕事の事情だと聞いていたそうで、いわば夜逃げのような状態に陥ったと見られる。一家が住んでいた平屋の借家を訪れると、同じ敷地の借家に住む住民が当時のことを覚えていた。

「ある日突然、行方不明になっちゃってね。夜逃げ状態で居なくなっちゃったから。理由は想像つかないですけど……。車でいなくなっちゃった。必要最低限のものだけ積んでいったんだろうね。二ヶ月くらいたって大家さんが家財を処分していたよ」

その後の行政などの記録によると、一家は県外に出ていたようだ。ケンジくん自身は、車窓を流れる景色を見ていても、どこに連れていかれたのはわからなかったという。

「最初はホテルみたいな所で何泊か泊まりました。その後も何ヶ所かホテルを転々として。だんだんお金がなくなっていって、どんどん車の生活になっていきました」

一家は、次第に厳しい生活に追い込まれていく。

「食事はチェーンのお弁当屋さんで弁当を買うんですけど、お金がないんで一つなんですよ。それを家族七人で分けて食べるっていう形ですね。最初は我慢できずに弟とかはお腹空いたって言ってたんですけど、もうその後はだんだん慣れてきて、そんなことも言わずに、みんなでちょっとのおかずを嬉しそうに食べてましたね」

トイレはコンビニエンスストアや公園で済ませ、風呂には入れなかったという。しばらくして、一家の窮状に気づいた親族の援助によって、全く知らない地域でのアパート暮らしが始まった。しかし、父親は元の職場の人間に所在を知られることを恐れて住民票を移さず、ケンジくんを学校に通わせなかった。ケンジくんはずっと家に引きこもり、テレビを見て過ごした。

「お父さんとお母さんに、学校に行きたいって言ったこともあったんですけど、それでも今金ないからだめなんだって。自分のなかでは学校に行きたいっていう気持ちがあったんですけど、聞き入れてくれないので、やっぱりそこはあきらめるしかなかった」

勉強は、親が時折紙に書いてくれた掛け算を解くか、買ってきたドリルで学ぶ程度。何より同年代の友だちと遊べなかったのがつらかった。

ほとんど外にも出られなかったため、周囲の大人にも気づいてもらえなかった。ただ一度だけ、買い物に出かける際、両親よりも先に駐車場に降りて待っていると、近づいてきた年配の女性に「学校行ってないの？」と声をかけられたことがあった。「はい、行ってません」と答えたが、女性は「自分には何もできなくてごめんね」とだけ言って去っていったことをよく覚えている。

他の誰にも気づいてもらえないまま、月日だけが過ぎていった。そのなかで、両親から暴力や暴言などの虐待を受けることもあった。つらさは増していった。

「なんで俺だけ学校行けないんだろうって。他の家族が楽しそうに話してるのを見ると、なんで自分だけ学校行けなくて、なんでこんなに虐待受けてるんだろうって思いましたね」

そして、ケンジくんは静かにつぶやいた。

「やっぱり、誰かに見つけてほしかった……」

元校長の「捜索」

ケンジくんが通っていた学校は何もしていなかったのか。学校がどう対応したのか知りたいと考え、ケンジくんに了解を得たうえで当時の小学校の校長を探し歩いた。

すでに退職していた校長の自宅の場所がわかり、早速訪れてみると、元校長はケンジくんをすぐに思い出して名前を口にした。ある日学校から姿を消して以来、その消息がわからないままだったため、ずっと気になっていたのだという。

元校長によれば、ケンジくんは、毎朝校門で「おはよう」と声をかけると、必ず元気に返事を返してくれる男の子だったという。そのケンジくんがいなくなる前触れは何もなかった。児童の欠席情報は職員室の掲示板に書かれるが、ある日からケンジくんの欠席が続いた。学校を休む子ではなかったため気になり、家庭訪問をしたが人のいる気配がない。事件に巻き込まれているのではないかと心配になり、大家に立ち会ってもらって家の中を調べた。部屋は散らかってはいたものの、今まで生活していたままの状態で荷物が残されていた。準備もなく一家で突然出て行った様子だったという。学校は、福祉事務所や児童相談所に連絡して一家を探し出す方法がないか検討した。学校には法的な強制力はなく、捜索願も出せないからだ。

元校長の当時の手帳には、ケンジくんの行方を追って探したことが記されている。県内の別の自治体にある母親の実家ならば、居場所を知っているのではないか。実際に訪れたが「拒否された」とある。答えてくれないだけで、実家で暮らしているのならそれでもいい、そう思い、とにかく元気にしている顔だけでも確認しようと、下校時間帯に実家近くの通学路で待ったこともあった。しかし、ケンジくんが姿を現すことはなかった。手帳には「手がかりなし」という言葉が残されている。

さらに、ケンジくんのケースで難しかったのは、非常に高い確率で親も一緒にいると思われたことだ。元校長は当時を振り返る。

「親と一緒に動いているということだろうから、食べてはいるだろうと。でもどこにいるかわからないのは心配だった。なぜなら受け入れ先の学校が見つかって登校していれば今までの書類を送付してほしいという連絡があるはずなのに、それがなかった。ということは、まだ学校に在籍しないで父母と一緒にあちこち渡り歩いているのではないかと」

他にできる手立てといえば、警察に捜索願を出すことだ。前述のように、学校にはその権限がないため、児童相談所に出してもらう必要がある。検討の結果、事前に虐待などの情報もない家庭であり、親と一緒にいると思われる以上、元気ではいるのだろうと考え、そこまでの判断には至らなかった。

父親の死によって、ようやく保護

結局、ケンジくんはその後も学校に通えないまま時間をすごした。小学校五年の最後に父親が亡くなったことで、母親が行政と接触。一家の存在が把握された。その後、ケンジくんは保護され、児童養護施設で暮らすようになった。衣食住は満たされるようになったが、一年半の空白は学習面で大きく響いた。

「勉強してないから、みんなと一緒に授業を受けられないんで、特別クラスっていうのにずっと入ってたんです。それが嫌で。みんなと一緒に勉強したいなって思ってたんですけど、頭が悪かったし行けなかったんですよ。そこは苦しかった。やっぱり学校行ってたほうがよかったなって」

一年半の空白がもたらした影響は、勉強だけではなかった。

「一番大きかったのは勉強の差だったんですけど、小学校のころに友だちとあまり話せなかったので、コミュニケーション能力の差も強く感じました。今友だちと話していても、お前何言ってんの？　とか言われたりして。話が続かないっていうか」

元校長は、ケンジくんが一年半もの間、学校に通えなかったこと、車上生活など厳しい暮らしを強いられ、その後も影響に悩んだことを伝えると、しばらく絶句していた。

「一年半……。しかも車上生活ですか。初めて知りました……。そういう話を聞くともう少し、いろんな手段でもって探してやればよかったのではないかという気がするが、他に何をしてやれば良かったのだろう……。捜索願を出しておけばよかったのだろうか……」

険しい表情で、しばらく考え込んでいた。

「逃げる」一家を探すことの困難

その後、ケンジくんは徐々に楽しい生活を取り戻していった。食事どきには、気持ちいくらい、どんぶりに山盛りのご飯をかきこんでいた。一時の不適切な養育環境のせいか、体は小柄だが、今はサッカーに夢中になっている。保護されてから一番楽しかったのは、児童養護施設での行事だという。親にキャンプや海水浴に連れていってもらった経験は一度もなかった。施設で作ってもらったアルバムには、スキーのときの集合写真に笑顔のケンジくんの姿があった。

「一番の思い出がスキーです。初めてスキーに行って、あこの施設に来てよかったなって、すごく思いました」

友だちと過ごす時間を取り戻せたことも大きかった。

「中学になってから友だちができ始めたんですよ、いっぱい。それであぁ、やっぱりよかったなって。もし、あのままずっと学校に行けてなかったら……ずっと孤独だっただろうなって思います」

今回、ケンジくんに取材の説明をしたとき、施設長や担当職員さん、心理士さんも立ち会ってくれた。「本当に大丈夫？ 断ってもいいんだよ」と聞かれたケンジくんは、「自分の経験が少しでも他の子どもの役に立つならば」と言ってくれた。そして、「もう一八歳になって施設を出るので、その前に自分なりに一度振り返って整理する時期なのかなって思って」と話していたのが印象深かった。

その後、元校長とケンジくんは手紙のやりとりをしている。結果的に見つけてはもらえなかったけれど、自分のことを探してくれた大人がいたことが嬉しかったようだ。

ケンジくんのケースを見ていくと、住民票を置き去りにしたまま一家が消えてしまい、保護者が意志をもって隠れていた場合、その発見は非常に難しいと感じた。仮に捜索願を出しても見つかるとは限らない。行政にできることの限界を感じた事例でもあった。

こうした車上生活や路上生活で発見に至るパターンとしては、無銭飲食などで親や子ども自身が逮捕されるケースが目立った。ただ、その一方で近隣住民や通りかかった人によって助けられるケースも少なからずあった。

いつも食べ物をもらいにくる兄弟を案じ通報した教会、通りがかりに車の中を見て「何かおかしい」と職務質問をした警察官により、餓死寸前で救われた赤ちゃんもいた。いつも同じ服装のまま、学校で授業のある時間帯に公園で遊んでいるといった情報もヒントになると知った。

貧しさから犯罪を強いられる——ナオキくんの場合

「自転車泥棒で生計を立てるため、学校から姿を消した」

アンケートに書かれたその記述を見たとき、「一体いつの時代の話なんだ」と私たちは唸《うな》った。次々と寄せられる回答を読み込んでいくと、他にも経済的な厳しさを背景に、親に食料品を万引きさせられるなどして犯罪を強いられ、社会から消えていく子どもが少なくない実態が見えてきた。

私たちは、この自転車泥棒を強いられていた男の子について、アンケートに回答してくれた児童養護施設を訪れ、可能な範囲で本人から話を聞くことができないかと申し込んだ。

後日、「取材を受けてもよい」という回答をもらい、私たちは再び施設を訪れた。

高校三年生のナオキくん（仮名）。中学三年の五ヶ月間ほど学校に通えなかった。シャツの上に臙脂《えんじ》色のVネックのニットを重ね、濃紺のデニムパンツ。一見して清潔感が伝わってくる。礼儀正しく、誠実そうな短髪の少年だった。私たちに、学校に通えなくなった経緯を語ってくれた。

「中学に入って親が離婚して、母親が新しい父親というか、男の人を連れてきて、そのあたりから生活がガラッと変わったんですね。中学三年生あたりまでは普通に通っていたんですけど、新しい父親が失業すると、学校に行くよりも生活を助けるためになんかしろという感じで、だんだん通えなくなっていきました」

生活を助けるため、という理由で強要されたのが自転車の窃盗だった。夜間に置き去りにされている自転車を盗んで運んできた。パーツを鉄工所に持っていくために解体し、それを車に積む。盗んだ鉄を売る生活を強いられたのだった。

「中学三年で、進路指導の時期なので、学校に行きたいなとは思っていました。何よりも、人のものを盗《と》れば犯罪になるじゃないですか、それがやっぱりきつかったですね」

ナオキくんは、生活のためだから仕方がない、我慢しろと言われて、自転車を盗み続けない生活だった。夜間に活動できるよう、昼間は体を休めるよう親に言われ、学校には行かせてもらえなかった。

罪の意識に耐えきれず

学校は、姿を消したナオキくんのことを、どう見ていたのか。

当時の状況を記した公的な記録には「体調不良」とだけ記されていて、学校側は「不登校」と見ていたことがうかがえる。家には、担任の教員がプリントなどを持って頻繁《ひんぱん》に訪れていたというが、玄関先で親に会うだけだったという。ナオキくん自身、助けを求めることもできる状況ではあったが、そうしなかった。

「いい先生だったけれど、帰りがけにちょっと寄っているという雰囲気で相談できなかった。いじめとかで不登校になっていると思っているようだったが、実際の友人関係はよかった」

保護後、この担任はナオキくんのもとを訪れ謝罪している。

学校に通いたいのに通えない。せめて高校だけは通わせて欲しいと親に伝えたが、それもかなわない状況だった。

その間もずっと、「人のものを盗んでいる」という罪の意識に苦しみ続けたナオキくん。

もしかしたら、誰かが「犯罪」に気づいてくれるのを待っていたのかもしれない。しかし、深夜のことでもあり、そうした行為に気づいてくれる大人はいなかった。

五ヶ月が過ぎたころ、ナオキくんはとうとう罪の意識に耐えられなくなり、家から逃げようと決意した。親が留守の隙に、野宿することも覚悟してレインコートを手に取って自転車で飛び出したのだ。そして、自ら警察に相談にいき、そのまま保護された。ようやく泥棒生活から解放されたのだった。

ナオキくんは、当時を振り返って、もっと早く自分が逃げていればと語った。

「悪いことをしているということもあって、なかなか人に相談もできなかった。親には逆らえなかったし。思いきるのが少し遅かったと思うんですよ。それで勉強も遅れてしまって、出席日数とか足りない状況で、選べる高校も少なくなってしまった。もうちょっと早く思いきっていれば、いろいろ選択肢があったのかなとも思います」

もちろんナオキくんのせいではない。助けてあげられなかった周囲の大人に非があるのに、はなから誰か大人に助けてもらえるという発想がないように感じ、切ないような申し訳ないような気持ちになった。

その後、児童養護施設に入所。施設の担当職員は、当時の様子をよく覚えている。

「最初にこの施設に来たときは、すごく緊張していたのもあって、静かな感じだったんです。でも徐々に他の子どもたちとも親しくなって、どんどん会話が増えて。ご飯もしっかり食べますし、生活がすごく安定してきました。ここでの生活を見るかぎり、真面目でおとなしい子なので、自転車泥棒をするなんて、全く考えられません。本当に親から強要されていたのだろうと思います」

選択肢を狭める学習の遅れ

保護されたのはよかったが、高校受験を控えた中学三年に五ヶ月の空白が生じた影響は大きかった。

当初、高校進学をあきらめていたナオキくんだが、潜在的な能力は高いと感じた施設の職員たちから、選択肢があることを説明されると、施設で夜間に開かれていた学習塾で熱心に学んだ。公立の高校は出席日数が足りないため受けられなかったが、施設の職員の尽力もあり、私立の工業系高校を受験することができた。

結果、見事合格。入学後も、主要五教科こそ学校に通えなかった期間の影響で他の生徒から遅れていたものの、高校で初めて学んだ工業系の科目は熱心に勉強した。学びたくても学べなかった期間があるだけに、勉強できることが嬉しかった。

「国語だったり、数学だったり、基本的な五教科は、勉強が他の生徒に比べて遅れていたんで、その分取り返すなら、自分から勉強するしかないなって。学校入ったら絶対取らないといけない資格があったんで、それを取ったのがきっかけで、自分が頑張ったら、免許や資格といった、形になるものが手に入るっていうのがわかったんです。それで自分から学んでいったら、遅れとかも取り戻せるかなと考えて、ずっと頑張ってきました」

ナオキくんは、熱心に学び続け、学校でトップクラスの成績を修めた。取得した資格は一〇以上となり、履歴書に書ききれないほどになった。

その様子をずっと見てきた施設の担当職員は、「中学三年生の五ヶ月の空白はやはり非常に影響が大きかった。もっと学校に通って勉強ができていれば、もっといい成績がとれていたと思うんです。毎日学校に行けていた環境であれば、彼の選択肢はもっと広かったと思います」

ナオキくんは「もしあのままだったら」と振り返る。

「もし、あのまま逃げずに家にいたら、あのままずっと自転車を盗り続けていたのかなって、そしていつか警察に捕まっていたのかなって思いますね」

そして、穏やかに言った。

「学校の先生も、いろいろ仕事とか大変だと思うんですよ。生徒を三〇人近く預かっているんで、一人ひとりの内側まで気づいてあげるのはなかなか難しいと思うんですけど……。

心の内側とまでは言わないですけど、家庭訪問とかで、もう一歩しっかりと親に聞いてほしいかな。今も同じような子がいたら気づいてあげてほしいので……。大人もいろいろ、自分のことで精一杯だと思うんですけど、もっと他の人に気配りができるような、子どもの異変に気づいてあげられるような人が増えたらいいなとは思います」

ナオキくんは、その後施設を出て、工業系の資格を生かせる仕事に就いた。

五ヶ月の空白は重いが、それでも五ヶ月で逃げてきたから、その後に挽回できたともいえる。早期に「消えた子ども」を見つけることがいかに大事か、考えさせられた。

断絶の果てに

ただ、過酷な状況に置かれながらも道を踏み外さなかったナオキくんは、むしろ珍しいケースかもしれない。アンケートからは、保護にいたったきっかけが犯罪行為による「補導」や「逮捕」だった子どもも少なくなく、犯罪行為が定着してしまった子どももいた。

さらに、消えた子どものなかには、貧困を背景に社会から長期に断絶されたあげく、誰からの支援も受けずに、取り返しのつかない犯罪行為に行き着いた子どももいる。

たとえば、一七歳（二〇一四年当時）の少年が祖父母を殺して金を奪ったという事件。これだけ聞けば、なんという凶悪な少年だ、と思うだろう。実際、まさにこの原稿を書いているときに二審の判決が出たが、懲役一五年の刑が言い渡された。

しかし、この子もまた小学校五年から親に学校に通わせてもらえず、公園やラブホテル、簡易宿泊所を転々とし、母親からネグレクトされ、義父から暴力を受けて生きてきた「消えた子ども」のひとりだった。少年自ら働き、ゲーム漬けの母親と新たに生まれた幼い妹の面倒を見るも、母親の浪費によって金は尽き、少年自身が祖父母などの親戚に無心する生活だった。ついに断られるようになり、母親に「殺してでも金をとってこい」と言われた末の犯行だった。

彼がほんの一時通っていたフリースクールを訪れると、当時の責任者の男性は悔やむようにこう話した。

「ごく普通のとても気持ちが優しい子だったんです。妹の世話があるからと途中で帰ることも多かったのですが、学校に通いたい、学びたいという気持ちはひしひしと伝わってきた。他の子どもたちの輪に入るのは苦手でしたが、経験したことがなかったせいか、クリスマスパーティーが一番の思い出だったそうで、少し遠くから楽しそうに眺めていた姿が印象に残っています。事件は重大だが、もし何らかの支援につながっていれば違う結果になっていたのではないでしょうか」

貧困を背景にこの社会から消えていき、ホームレス化したり、犯罪に手を染めてしまったりする子どもたち。そうした子どもが現実にいるのが、今私たちが暮らす日本という国の実情なのである。

第四章　精神疾患の親を世話して

増える精神疾患とひとり親家庭

「電気、ガス、水道が止められ、ごみ屋敷状態。外に出ると危ないと外出させず」
「お前が学校に行くなら自殺すると言われる」
「帰宅すると玄関先で着替えや入念に手洗いをさせられ、掃除が済むまで二時間外で待たされる」

第二章でも紹介したように、今回実施した大規模アンケートでは、「消えた子どもたち」の衝撃的な実態が明らかになった。一緒に暮らす親から突きつけられる理不尽な要求。目を覆いたくなるような事実のなかでも、保護者に精神疾患があり、学校に通えなかったケースが多く目に留まった。

アンケートで、子どもが社会とのつながりを絶たれた理由として、「保護者の障害や精神疾患」を挙げたのは二二〇人(二七・一パーセント)。消えた子どもの親の実に四人に一人以上が、障害や精神疾患を患っている現状が浮き彫りになった。

病気について細かく尋ねることはしなかったものの、自由記述欄には、「統合失調症による妄想癖がある」「うつ状態で自殺未遂を繰り返す」など、保護者の具体的な状況が記されていた。さらに電話で直接施設に尋ねると、こうした家庭は、母子家庭や父子家庭などのひとり親世帯が多いことがわかった。子育てをひとりで抱え込んでしまい、問題が発覚しにくくなっていることがうかがえる。

実際、精神疾患で医療機関を受診している患者の数は、大幅に増えている。厚生労働省の患者調査では、一九九九年には二〇四万人だったが、二〇一一年には三二〇万人を超え、約一〇年間で一〇〇万人以上も増えている。疾病別では、うつ病、統合失調症、不安障害、認知症と続き、最近はうつ病と認知症の増加が目立っている。

この間、家族の形も多様化し、母子家庭や父子家庭は珍しいことではなくなった。厚生労働省の全国母子世帯等調査によると、一九九八年に一一二万人だったひとり親世帯は、二〇一一年には一・三倍の一四六万人に達した。

精神保健福祉の視点から子どもの虐待について研究をしている広島県立大学の松宮透髙《ゆきたか》准教授によれば、子どもを虐待した親に何らかの精神的問題が見られる割合は五〇パーセントから七〇パーセント程度と高い傾向にあるという。ただし、この他に貧困や孤立、子どもの障害などによる育てにくさなど、いくつかの要因が重なって親が追い詰められて虐待にいたるケースが多いため、精神疾患の症状だけが原因とは言い切れないそうだ。

もちろん精神疾患があったとしても、虐待などしない人が大半だと思うし、病気になった人を差別しようという意図はない。しかし、アンケートから見えてきたのは、本来、一番安心できるはずの自宅で、くつろぐことを許されず、精神疾患を抱えながら追い詰められた親からの理不尽な要求に耐えている子どもたちの姿だった。

こうした子どもたちが家庭でどんな生活を送っていたのか、どんなふうに社会とのつながりを絶たれていったのか。疑問を感じた私たちは、当事者の話を聞くことから始めることにした。

プロジェクトルームに一日中こもり、全国の施設に電話取材を続けること二週間あまり。関西地方の施設から連絡があった。

取材に応じてくれることになったのは、定時制高校に通う一九歳のマオさん（仮名）。彼女の決意を無駄にしてはいけないと強く思いながら、私たちは施設へ向かった。

施設のお姉さん的存在——マオさん

私たちが施設を訪ねたのは、二〇一四年一一月中旬のことだった。木造二階建ての施設には、未就学児から高校生までおよそ六〇人が一緒に生活していて、子どもたちの笑い声が絶えず、にぎやかだ。

「こんにちは、どこから来たの？」

玄関に着くと、小学生の男の子が私たちに親しげに話しかけてくる。施設の食堂では別の男の子が柔道大会でもらったメダルを職員に誇らしげに見せている。みんな生き生きとしていて明るかった。

私たちはマオさんに会う前に、まず施設長の話を聞いた。明るく振る舞っている子どもたちだが、当然みな複雑な事情を抱えて入所してきている。施設長によると、入所する子どもの四人に一人が何らかの虐待を受けてきたという。学校に通わせてもらえないなど、社会とのつながりを絶たれた消えた子どもも珍しくない。自分の意思とは関係なく学校に通わせてもらえなかった子どもを、これまでに二〇人以上受け容れてきたそうだ。施設の中には、小学一年生からの算数をやり直すドリルをするための専用の部屋や、塾の先生の指導が受けられる勉強部屋も設けられていた。

「家庭ではとても落ち着いて勉強できる環境ではなくて、学習が遅れている子どもたちが多いんですよ。でも、いざ勉強をするとみんなスポンジのように吸収していく。環境って大事だなと思います。家庭の事情で進学をあきらめてしまうと、その先、仕事の幅も狭くなり収入も限られてしまう、するとその子が家庭を持ったときにその子どもも同じような境遇になってしまうことが多いんです。その負の連鎖を断ち切れればと思ってやっています」と施設長は説明してくれた。

机に座って簡単な計算問題を繰り返し解きながら、できると職員のところに行って、丸をつけてもらう。全問正解した子どもは誇らしげな表情を浮かべている。入所する前は全然解けなかった子どもたちも、ほめられるのが嬉しくて日々勉強を重ね、成績もどんどん伸びていくそうだ。今回取材に応じてくれたマオさんも、かつてこの部屋で勉強に励んでいた。

その後、応接室で待っていると、施設長に連れられて上下ジャージ姿のマオさんがやってきた。およそ六〇人が暮らす施設では、最年長のまとめ役で、施設の手伝いをするには動きやすい服装が一番だという。

「田舎なので遠かったんじゃないですか。にぎやかですみません」

マオさんの口から最初に出てきたのは、私たちへの気遣いの言葉だった。お茶の用意などもすすんでしてくれる。これまでに取材した多くの若者と比べても、子どもっぽさや無邪気さはあまり感じられない。ずいぶん大人びているというのが、第一印象だった。にぎやかな施設での生活を送るなか、自分より小さい子どもたちの面倒をよく見ているからだろうか。施設長も、マオさんは子どもたちから頼りにされていると話す。

母親がうつ病に

今ではすっかり落ち着いた生活を送るマオさんだが、入所するまでの生活は今とはかけ離れていたという。月日がたち、当時のことを冷静に振り返れるようになった今、当時のことを一つひとつ思い出しながら、静かに語り始めた。

マオさんが施設で生活を始めたのは、五年前、中学三年生の三学期のことだった。当時、撮った写真があるというので見せてもらった。中学の卒業式の日に撮られたもので、施設に入所している同級生四人で写っていた。マオさんは、卒業証書が入った筒を持ちピースをしてはしゃぐ三人の後ろで苦笑いしている。服装を見てみると、友人たちはいずれも制服姿だが、マオさんだけが私服。ひっそりと隠れるようにして写っている。

施設に通う子どもたちはみな近くの小学校や中学校に通うのだが、マオさんは卒業直前に施設に入所した。高校受験直前の転校では、なかなか友だちづくりをする余裕はなかったのだろう。運動会や文化祭などの学校行事も経ずに、いきなり迎える卒業式。思い出話に花を咲かせる同級生を尻目に、式が終わるとひとりだけ先に施設に戻ってきてしまったという。この写真は、他の三人が戻ってきたときに、卒業の記念になるからと施設の人が気を利かせてみんなを集め、庭で撮った一枚だったのだ。

マオさんが学校に通うことができなかった大きな理由は、母親の病気だ。若くてきれい、そのうえ優しくて友だちにも自慢していた母親。しかし、夫婦関係の悪化などをきっかけに心労がたまっていったのか、うつ病を患ってしまう。離婚により母子家庭となったマオさん家族の生活は、病気の症状の悪化とともに負のスパイラルに突入していく。

母親がうつ病だと診断されたのは、マオさんが一〇歳のときだった。それまでは、家族仲良く暮らしていたが、母親が朝、だんだん起きられなくなっていき、代わりに家事をせざるを得なかった。中学生になると、まるで母と娘の関係が逆転したかのように頼られ、家事のほとんどを担っていた。ついには、母から、「家に一人でいるのは不安なのでずっと一緒にいてほしい」と頼まれるようになってしまった。

それでもマオさんはなんとか中学校に通うことができていたが、ある日、マオさんが学校に行っている間に、事件が起きてしまった。母親が手首を切り、救急車が駆けつける騒ぎになったのだ。

「学校に行きたい気持ちはあるんです。でも、母親をひとりにしておくわけにはいかない、私が母親の面倒を見るしかない」

その日からは、自分の学校よりも、母親の面倒を見ることを優先せざるを得なくなった。

多くの中学生は、学校での部活動やテストなど、自分のことにだけ集中できるような環境にあると思う。しかし、マオさんはそうした中学生活とは一線を引き、なんとか母親のそばにいて支えていこうと決心した。

毎日ご飯の心配ばかり

病気になった母親は、その後入退院を繰り返すようになり、マオさんたちの生活はさらに困難を極めた。働けるような状況ではないため生活保護を受けていたが、そのお金もきちんと生活費に回ってこなかった。母親は不安を紛らわせるため酒に頼るようになり、マオさんが目を離したすきに外にお酒を飲みに出かけて散財してきてしまう。

病院でせっかく薬を処方してもらっても、一度に量をたくさん飲みすぎ、正常な判断ができなくなることもしばしばあった。限られたお金でなんとか生活していくため、まだ中学生だったマオさんが取った方法は、母親に見つからないようにお金を家の中に隠すということだった。

「自分たちが生きていくためにお金を隠すんですよ。三食のご飯になんぼ使って、明日一日を乗り切ろうということを毎日考えていて、寝るに寝られないんですよね。毎日、明日のご飯のことをずっと考えている日々でした」

月に使うことができる食費は、一万円。料理を教わった経験も少ないため、食事のメニューのレパートリーは乏しい。冷蔵庫も、生活費に困った母親がリサイクルショップに売ってしまった。お金が入ると、まずはスーパーで米を買ってきて、主食を確保。おかずは、スーパーの特売日を狙ってカレーや親子丼などのレトルト食品をまとめて買いだめしておき、レンジで温めてご飯にかけて食べていた。米がなくなると、インスタントラーメンで食いつないでいたという。

それでもお金が足りなくなったときに頼っていたのが、うどん。袋ごと買えば、レトルト食品やインスタントラーメンを買うより安くあがる。一日三食を全てうどんでまかなっていた日も少なくなかったという。具材を買う余裕はなく、作るのは決まって素うどんだった。当時のことを思い出してしまうため、マオさんは今でもうどんがあまり好きではない。家で食べるご飯といえば、家族団らんの象徴のようだが、マオさんにとってそれは楽しむものではなく、生きるためになんとか食いつなぐ行為にすぎなかった。

「自分はみんなとは違うんだっていうことを毎日、思っていましたね。買い物に出かけると、お母さんがおって、子どもがおって、今日のご飯何にするとか、あれ食べようか、あれこないだ食べたから嫌やわ、という普通の会話がすごくうらやましかった」

周りの中学生は、親に守られながら幸せそうに過ごしている。自分たちも少し前までは同じように生活していたのに、なぜこんな目にあわなければならないのだろう。学校にも通うことができないし、自分たちでいろいろと考えながら生活していかなければならない。

学校にも行かずに日中スーパーにいるところを見られたら、何を言われるかわからない。周りと自分とを比べて落ち込んでしまう日々が続き、マオさんは次第に人目を避けるようになっていった。

親の代わりに謝る日々

そんなある日、外出先から母親がタクシーで帰宅してきた。また、お酒を飲んで帰ってきたようだ。酔っ払った母親が外にいる運転手と話をしてほしいと言っている。お金がないのにタクシーに乗って料金を踏み倒そうとしたらしい。とりあえず謝ろうと外に出ると、運転手は怒りの矛先をマオさんに向けてきた。まだ中学生なのに母親の代わりに怒られる。そのときに言われた言葉が今でも忘れられないという。

「自分のところ、しっかりしいや!」

もちろん母親が悪いのは明らかなので、何も反論することができなかった。しかし、マオさんは深く傷ついた。自分がやったわけでもないのに、どうして謝らなければならないのだろう。母親を一生懸命支えて生活しているのに、どうしてその頑張りを認めてくれないんだろう。誰も助けてくれないのに、これ以上、どう頑張ればいいのだろう。

「自分たちに同情してほしいわけではないですけれど、ちょっとくらい、今なんでこういう状況にならざるを得なかったのかなということを、考えてほしかったなと。普通に考えたらおかしいじゃないですか、子どもが出てきて、親の代わりにすみませんって謝るなんて。『何でこの家では、子どもが出てくんねん？』って疑問が湧かなかったのかなと」

マオさんは、いつどんな行動をするのかわからない母親をひとりで支えながら、明日の食事にも困るようなギリギリの生活を送っていた。大人でも同じような状況に置かれたら大変なのに、マオさんはまだ中学生。そんな状況で、理不尽な言葉を浴びせられたのだ。無念さを想像するといたたまれない。

病気の母親を支えてくれる人はほとんどおらず、逆に母親のせいで周りから責められてしまう。マオさんの孤立は、ますます深くなっていった。

周囲の大人たちは

当時、周囲の大人たちはどう受け止めていたのだろうか。私たちはマオさんが以前住んでいた家を訪ねることにした。

マオさんの家は、家賃の滞納などによって転居を繰り返していた。最初に訪ねたのは今どきのオートロックマンション。インターフォンを押してみる。

「すみません。ＮＨＫですけれども、以前住んでいた人を探しておりまして」

「隣近所のことは、あまり交流がないのでよくわからないんです」

何軒訪ねてみても、状況はあまり変わらない。そこで、長く管理人を務めている女性のもとを訪れ、当時のことを尋ねてみた。

「五年前くらいにこちらのマンションに住んでいた方について調べているのですが。母子家庭で、子どもが学校に通えていなかったご家族を覚えていませんか」

「あんまりそういう問題があったことは覚えていないですね。名前と生年月日くらいはメモしていますけれども、家族の状況とか病気のこととかそういうことはこっちも特に聞かないし、問題があったという連絡も特になかったですね」

オートロックでプライバシーが保護され、お互いがお互いの生活に干渉しないように過ごす現代の生活スタイル。家を借りるときに、家族の人数くらいは管理人に教えるかもしれないが、具体的にどこで何をしているかを詳細に話すわけでもない。自分の家の隣にどんな人が住んでいるのかわからない人も多いことだろう。

情報はあまり得ることができなかったが、そのことが逆に、お互いの姿が見えにくくなっている状況を物語っていた。

次に引っ越したというマンションはリニューアル工事の真っ最中だった。ドアにペンキを塗っている作業員の後ろをすり抜けながら、階段を上っていく。話を聞こうと何軒か訪問してみるが、工事のため出払っているのか人は出てこない。マオさんが施設に保護されてから五年。月日の長さを感じさせられた。

すぐ近くには学校がある。この距離ならば、きっと学校のチャイムの音も聞こえてきたことだろう。家の中で、どんな思いでその音を聞いていたのだろうか。


「あの家とは関わりたくない」


最後に訪ねたのは、中心街から少し離れた住宅密集地の外れにある借家だった。今までに行った場所とは違い、古い一軒家が多く、地域のコミュニティーがしっかりしているように思われる。それでもこの家に住んでいたのは、わずか二ヶ月だけ。果たして当時のことを覚えている人はいるのだろうか。そんな想いを抱きながら、住宅街の中へと足を進めていった。家の前で掃き掃除をしている年配の女性がいたので、声をかけた。

「すみません、NHKですけれど。取材をしておりまして、このあたりに五年前に住んでいた家族のことについてうかがいたいのですが。母子家庭で、子どもが中学生くらいで……」

「ああ、いましたね。いました」

「どんなお母さんだったか覚えていますか」

「まだ四〇代くらいじゃないのかな。ちょっと病気もってはったから、奇声をあげたりとか。常に救急車を呼んでいましたね。自分でこう、手首を切ったりして」

意外にも、女性はマオさん家族のことをしっかり覚えていた。一家が当時住んでいた家を案内してくれながら、振り返った。

「私らは全然関係しない。年も全然違うから、お話しすることもなかったし。ややこしい家庭のようだったから、私らもあんまり付き合わない。ここの方、みんな関わっていないと思いますよ。だって、暴れたら何をするかわからへんからな」

一家は、近所でも目立つ存在だった。母親は突然、近所の人にお金を貸してほしいと頼みにいくこともあったという。

その家の中でマオさんも一緒に暮らしていたが、注目を集めるのはいつも母親ばかり。マオさんが家でどのような生活をしているのかについて、気にかける人はいなかった。実は、学校に通っていなかったことも、近所の人たちは気づいていた。マオさんの家の向かいに住んでいた住民はこう証言する。

「お向かいの娘さんと話をしたことはありましたか?」

「引っ越してこられたときは、母が病気がちなんですって挨拶に来られましたよ。しっかりしたお姉ちゃんやなって思っていましたけどね」

「学校に通っていたかどうかは?」

「中学生やから、学校に行ってるのかなと思ったら、中学校は行ってないって」

「どう思いましたか?」

「それはもう、親子の関係やから私らはなんとも言えませんわ。『どうして学校に行かへんのかな』くらいにしか思ってないし。お母さんが自分のそばに置いておきたかったのかもしれへんし、娘さんが面倒見てあげないとあかんのと違う、とか想像するぐらいでね。私らは、もうあんまりあの家とは関わりたくないっていうのもあったし」

マオさんたちが転居を繰り返していたことも、周囲の無関心に拍車をかけていた。転居してきた早々、トラブルを起こす家族に対し、積極的に手を差し伸べようとする人は誰もいなかった。近所の人の言うこともっともで、同じ立場になったらと考えれば一方的に責めることはできないと思う。ただ、何とかもう一歩踏み込んだ対応をとることはできなかったのだろうか。

もしかしたら、マオさんが自分の状況を正直に話して助けを求めれば、応じてくれる人はいたのかもしれない。ただし、今まで散々つらい経験を重ねてきたマオさんにとって、大人そのものがあまり信用できない存在になってしまっていたのだろう。

過酷な現状に気づくきっかけはたくさんあったにもかかわらず、あの家とはあまり関わりたくないと、結局、そのまま放置されていたマオさん。自分自身の殻に閉じ込もり、施設に保護されるまで、夢も希望もない日々が続いた。

「いつ終わんのやろか、ってずっと考えていましたね。終わりはあるんかなあ。ずっとこのままなんかなあって。明日一日が何事もなく終わればいいなと毎日考えていたんです。毎日毎日追い詰められていたから、気持ちよく一日が終わったらええなってことはいつも考えていましたね」

教師は登校を促すだけ

登校してこないマオさんに対し、学校はどのように対応していたのだろうか。家賃の滞納によって転居を余儀なくされ、転校した回数は、中学校の間だけで三回。最初のうちは、登校してこないマオさんを気にして家庭訪問してくれる教師もいたが、転校を繰り返すにつれて、教師の足はだんだんと遠のいていったとマオさんは話している。

最初から登校してこないため、この子は不登校だからというレッテルを貼っていたのだろうか。

たまに教師が来てくれることがあっても、そのアプローチはあくまで学校に来させることが中心で、マオさんの悩みをわかろうという素振りはなかった。

「先生が来ても、『学校きいや』とか、『課題を持ってきたよ』とか言うばっかりで、私の悩みにはなかなか気づいてもらえず終わってしまった。『自分の生活は人とは違う。変なや』と思っていたので、私も正直に言えずに大丈夫と言い続けていたんです」

なかにはずる休みをしていると受け取る教師もいたという。信頼関係は築けず、マオさんはどんどん殻に閉じ込もっていった。とても素直に自分の思いを伝えられる状況ではなかった。

取材を進めていくうちに私たちは、当時、マオさんが通っていた中学校の校長に話を聞くことができた。校長によると、当時は担任が家庭訪問していたものの、マオさんについては自分の意思で学校に来ない不登校だと受け止めていたという。

「登校を促そうと学校の課題やお知らせを届けていました。学校に来させたいという目的でコンタクトを取っていたから、家庭の支援というところまで認識を持っていなかった」

せっかく教師が訪問してマオさんから話を聞く機会ができても、登校を促すだけ。マオさんがなぜ登校することができないのか、母親の病気が悪化して日々追い詰められていく様子に気づくことはできなかった。そこには、学校現場だけでは、家庭の状況にまで深入りしにくい事情があるという。

「お母さんが精神疾患を患っていたというような家庭環境について詳しく知りえるよう

な情報は、学校に入っていませんでした。子どもや保護者との関係が悪化しないようにという意識を持ちながら接するのは事実で、立ち入ったことを聞くとシャットアウトされて会えない関係になってしまう。それを避けようとするのが、踏み切れない一因です」

親がどのような病気にかかっているかはプライバシーに関わるため、学校が全て把握できるわけではない。

校長は我々の取材を受けるまで、マオさんが苦しんでいたことを知らなかったと話す。そのうえで、「当時もっと何かできたのではないか。関係機関と情報共有して何か手を打てるところまでできたのではないか」と反省の言葉を口にしていた。

マオさんたちは、その後も引越しを繰り返し、最後の学校には転校の手続きすら取られておらず、完全に「消えた」子どもになってしまった。

ケースワーカーは

親や近所の人には頼れない。学校も登校を促すだけで、SOSに気づいてくれない。では、行政はどう対応していたのか。

マオさんの家庭は生活保護を受けていたため、担当のケースワーカーがいて、やり取りを重ねていた。しかし、そのケースワーカーにも本音が話せる状況ではなかったという。

生活保護費を受け取りに役場に行くときには、嫌な思いをすることが多かった。

「事務的に仕事をしていて、気持ちがこもっていない感じだった。三回くらい担当が代わっているんだけど、自分たちはブラックリストみたいな扱い。『またこの人が来た』みたいな顔をされ、厄介じみた存在になっていました。下手なことを言って生活保護を打ち切られたら不安だったので、家の状況は話せなかった」

母親が病気になって働けず、生活保護が収入源だったマオさんの家庭。母親があまり面倒を見てくれずつらい状況になっているということを、母親同席の場で相談するのは難しかったという。

マオさんによれば、ケースワーカーは家に状況を確認しにくることもほとんどなかったそうだ。もっと子どもの目線に立って動いてくれる人がいれば、また、事務的にお金を支給するだけではなく母親を精神的に支えてくれるようなサポート体制があれば違ったのではないかとマオさんは振り返る。

私たちは、ケースワーカーに、当時の状況について聞きたいと取材を申し込んだが、個人情報の保護を理由に取材には応じられないと拒まれた。

当時はマオさん自身も気づいていないような、複雑な事情があったのかもしれない。知らないうちに母親が支援を拒んでいた可能性も否定はできない。ただ、取材を通して強く感じたのは、マオさんの孤立、苦しみに気づくきっかけはたくさんあったにもかかわらず、周囲の大人たちの無関心が、マオさんの存在を社会から消していったということだった。

「結局、みんながみんな、自分のこと気にして生きてんねんなあ。誰も助けてくれへんねんなあ、と常に思っていましたね。どう見ても子どもがつらい状況に置かれてるのに、なんでこう、『どうしたの?』とか、『大丈夫?』って声をかけてくれへんのやろなって。自分は絶対そんな大人にならへんぞって」

マオさんの言葉は重く突き刺さる。

保護のきっかけは母親の逮捕

そんなマオさんの生活が変わるきっかけは、母親がタクシーの無賃乗車を繰り返し、警察に逮捕されたことだった。それまでマオさんを施設に入れることを拒んでいた母親が刑務所に入り、一緒に暮らせなくなったので、施設に保護されることになったのだ。マオさんは、施設に入るまで悪いイメージを持っていたが、だんだん変わっていったという。

「施設に入ったら、中学校にも行けるし、自分たちでご飯のことを考えなくていい。そして、毎日ぐっすり眠れる。これってすごい幸せなことなんですよ。毎日何もしなくても無条件に食べられる、それが一番幸せだなって思って」

マオさんが施設から中学校に通うようになったのは、前にも記したとおり、高校受験まで残り二ヶ月となったころだった。施設の人たちによるサポートに加え、塾にも通ってこれまでの遅れを取り戻すよう必死で勉強した。三年間ほとんど学校に通っていなかった学習の遅れを取り戻すのは容易なことではなかったが、受験の結果、定時制高校に進学した。

「中学生くらいって男女間のこととかもいろいろあるじゃないですか。好きな人ができたり、お付き合いしたりとか。そういうこともなかったなって。友だちとも遊びたかったし、学校で一日過ごして終わりたかったなというのがありますね」

友人と一緒に遊んだり、恋愛話で盛り上がったり。マオさんの中学時代はそうした一般の中学生とはかけ離れたものだった。

それでも母親が好き

精神疾患の母親に振り回されてきたが、マオさんは母親を恨んではいないという。母親のせいでこんな生活を強いられている、母親がいなかったらよかったのに、と思うのも当然だろうと勝手に想像していたのだが、そうではなかった。

どんな状況にあっても、母親は母親なのだ。病気になる前の母親との楽しかった出来事などが次々と思い出され、たとえどんなに嫌な目にあっても母親をぞんざいに扱うことはできなかったそうだ。そこには、家族にしかわからない特別な想いがあるのだろう。

「病気になる前は、靴をちゃんとそろえてなかったり、友だちの家に遊びにいってお邪魔しますって言わなかったりしたら、すごく怒られました。しつけがすごく厳しくて、おかげでどこに行ってもすごく行儀がいいねと言われる子どもに育ったんです。体調がいいころはどこに行っても自慢できる母親でした」

若くしてマオさんを産んだ母親は、「これだから若い人はなっていない」などと周囲に小言を言われないようにするため、子どもに礼儀に気をつけるよう厳しくしつけたそうだ。そこには、子どもが将来、苦労しなくて済むようにという愛情があった。病気になる前の母親のことを語るときのマオさんは、とても生き生きとしていた。これまで育ててもらった分、今度は自分が支えなきゃいけないという意識が強く働くようになったという。

「母親にはしっかりしてほしいなあという気持ちはありましたね。でも、しっかりできないこともわかっているんですよ。自分をコントロールできない病気にかかってしまっているんで、一番つらいのは母親だってわかるんですよ。自分の母親を邪険《じゃけん》にするような気持ちってすごくつらいんですよね。今まで必死に育ててくれた人なんで」

病気によって生活がどんなに荒れても、母親が手を上げることは一度もなかった。こんな状態になっても、母親は自分を愛してくれている。母親に大事に育ててもらっていたという気持ちが強いだけに、親元を離れて飛び出しにくかった。

マオさんのように、病気や生活で苦労している親の面倒を見たり、親に代わって家庭を守ったりする役割を背負い込む子どもや若者たちは「ヤングケアラー」と呼ばれる。家族のケアをまず優先してしまうため、子どもたち自身の生活や成長は二の次となってしまう。長期間にわたって過度な負担がかかると、人間関係、勉強や進路などへの様々な影響が懸念されるが、ヤングケアラー自身への支援は十分とはいいがたい。

子どもに無理やり大人の役割をさせ、ひとりで母親の面倒を見るような状況に追い込まないための対策が必要ではないだろうか。

空想だけが支えだった

マオさんは施設では二人部屋に入っている。ベッドの周りには、化粧品はほとんどなく、アニメやゲームのキャラクターのフィギュアが飾られている。中学に行けず友だちと接する時間がなかったので、空想の世界に想いをはせることが多かったという。

マオさんが一冊のノートを取りだして、私たちに見せてくれた。表紙には「国語」と書かれている。開いてみると、大きな剣を持ちよろいを身に着けた戦士の絵が描かれていた。

これは授業中の落書きではない。中学校時代、学校に通えないため使わなくなったノートを、自由帳代わりに使っていたそうだ。マオさんの孤独を癒してくれていたのが、このイラストだった。

「つらい生活、しんどい生活のなかでも空き時間があったら、こういうのを描いて。真っ白い紙に自分で強い力を持っているキャラクターを描くことで、自分も強くなれたような気がしたんですね。私にもこういう力があったら、お母さんを支えられるのになあって」

母親が起きているときは目を離すことができないため、睡眠薬を飲んで眠っている夜のひとときが、マオさんにとって唯一、落ち着いて過ごせる時間だった。現実の世界では、母親を知る人からは「昔はよかったのにね」「しんどいだろうけれども頑張ってね」と他人事のように言われ、知らない人からは「厄介者の家族」として扱われる日々。強い力を持ったキャラクターの絵を描いているときだけは、つらい現実から目をそらすことができた。

精神疾患を抱える親の事情

では、精神疾患を抱える親と暮らす子どもたちをどのように支援していけばいいのだろうか。多くの事例を見てきた前述の松宮准教授は、「こうした親の多くに、一生懸命に子育てをしたいという思いがあることを、まずは理解するべきです。子どもを大切にしたくても、様々な行き詰まりの結果として虐待が起きていると理解しないと、意味のある支援はできません」と指摘する。

メンタルヘルスに問題がある親は、自分自身が日常生活や対人関係で苦労をしている場合が多く、それが子育てにも影響しやすい。自分はうまくやれていないと思い込み、自信のなさから孤立しやすいのだという。

「育児は時に親を追い詰める強いストレスにつながります。子どもが保育所や学校に通い始めると、学校行事への参加、学用品などの準備、しつけや子どもの成績など、親としての役割が周囲から期待され、他の家庭と比較される場面が増えてくる。しっかり子育てをしなくてはならないという思いがあるからこそ、うまくできないことを周囲に知られたくない。そうしてだんだん学校を避けるようになる」

親が自分の殻に閉じ込もってしまうと、子どもも一緒にその殻の中に閉じ込められてしまいがちになる。子どもが保育所や学校に通うためには、日常の生活リズムが整い、安心して登校できる環境が必要だ。しかし、親が朝起きてこなくなると、子どもも一緒に朝寝坊して学校に遅刻してしまう。教材など学校で勉強するための準備も不十分になり、学校に行きたくなくなる。さらには、親から学校に行かなくていいと言われると、子どもは他の家庭のことを知らないので、そういうものかと思ったりする。

こうした負のスパイラルを繰り返していくなかで、精神疾患を抱える親の子どもは学校という第三者の目が届く場所とのつながりを絶たれ、消えていってしまうのだ。

専門家の目を

松宮准教授はまた、子ども支援の場にもっと専門家が必要だと言う。児童福祉のため、関係機関が連携して設置する「要保護児童地域対策協議会」というものがある。子どもの虐待事例では、親に何らかの精神疾患が見られる世帯が非常に多いのに、協議会に精神科医や精神保健福祉士が加わるケースは限られているのは大きな課題だと指摘する。

子どもを施設に保護する必要があるかどうか、施設に保護した子どもを家庭に戻していいかどうか。親の状況を正しく理解することは、子どもの安全に直結する重要な問題だけに、精神疾患に関する理解のあるスタッフの配置や医療機関との連携は欠かせない。たとえ常時のメンバーとして専門家が関わることは難しいとしても、必要に応じてそれぞれの専門機関や専門職から協力を得られるネットワークを作り、支援できる制度を整えることが大切だという。

さらに、これらの連携を協議会の場だけで行っても不十分だ。実際、何らかの精神的な問題を抱えていても、医療機関を受診せず診断も受けていない親も多い。いろいろな手続きの際に、保護者と直に接する機会の多い児童福祉の窓口などの職員に知識があれば、メンタルヘルスに問題がありそうな親たちが役所を訪れたとき、早めにそれと察して、違った対応が取れるかもしれない。関係機関の垣根を越えた研修の機会を増やし、メンタルヘルスに問題がある親子への支援という共通認識のもとで、支援にあたる必要があるのではないか。

深刻な事態を未然に防ぐために

現場の過度な負担を解消することも、課題となっている。たとえば、子育ての悩みなどを受け付ける「児童家庭支援センター」。虐待など深刻な事態を防ぐために、市町村機関の子ども家庭支援をバックアップする児童福祉の専門援助機関だが、近年はメンタルヘルスに関わる相談が増えているという。

取材したあるセンターでは、社会福祉法人が自治体の委託を受けて運営しているが、相談が相次いでいるため、スタッフを増員した。それでも一人あたり五〇近くの案件を抱え、休日返上で対応している。スタッフには臨床心理士の有資格者をそろえたため人件費もかさみ、運営費が不足。年間一〇〇〇万円以上、法人からの持ち出しでやりくりしている状態だという。
虐待の件数が増えていて、児童相談所も緊急性があるケースに対応するのが手一杯の状況にあって、未然防止につながる取り組みこそ充実させていく必要があると思う。現場の使命感に任せるだけではとても十分とはいえず、継続的に機能していけるようなサポート体制が不可欠だ。

当事者交流の試み

公的機関やその委託先が限られた財源と人材で奮闘する一方、民間では精神疾患を抱える親子同士で交流することによって、お互いの悩みを分かち合おうという取り組みも始まっている。

東京・立川市で精神疾患のある人や高齢者を中心に在宅生活の支援を行うNPO法人「多摩在宅支援センター　円《えん》」では、精神科への入院や通院歴があり訪問看護を受けている親と、小学生までの子どもを対象に月に一回、グループワークなどを行っている。

私も取材の一環で、グループワークに参加させてもらった。その日は、四人の母親が子どもを連れて参加していた。まだ小さい子どもたちはプレイルームに集まって、仲良く遊び始める。その間、親たちには普段気兼ねしてなかなか人に話せない本音を、同じ状況の者同士、話し合ってもらう。母親たちは次々と口を開いていった。

「自分は親から虐待をされていて、その影響で病気になってしまった。今でも親を許すことができないし、自分を傷つけてしまうことがあった」

「子どものために頑張りたいと思っても、頑張りすぎると体調が悪化し、夫や子どもにあたってしまう。だから、たまに家事を手抜きするのを許してもらっている」

「子どもが施設に入っていて、来年から小学校に通うことになるが、自宅近くの小学校に通わせるか、施設から通える小学校に通わせるか悩んでいる」

「体調が悪いときは一日中寝ていることしかできなくて、子どもに甘えさせてあげることができなかったことを後悔している」

自宅で子どもと一緒に暮らしている人、施設に子どもを預けている人、参加者の間でも、子育ての状況は異なる。ここで語られる悩みは、どれも簡単に解決できるものではない。また病気のため体調に波があり、この日も当日になってキャンセルした人が四人いた。

それでも参加した母親たちは、「今まで人に話してはいけないと我慢していたが、みんなに聞いてもらってすっきりした」と明るい表情になっていた。当事者同士、偏見を持たずに話し合えるので安心できるという。

一方、別室にいる子どもたちは、看護師たちが一緒に遊びながら、食事はきちんととっているか、病気にかかっていないかなどを第三者の目でチェックし、その後のケアにつなげている。スタッフが子どもと触れ合っている姿を見ながら、親に子どもとどうやって接すればいいかについてアドバイスすることもあるという。

親を責めても解決にはならない

寺田悦子理事長は「精神疾患の親を責めるだけでは何の解決にもならない。家庭全体をどう支えていくかという視点が必要だ」と話す。

実際、症状が悪化していて、子どもを施設に入所させたほうがいいようなケースだとしても、親としては子どもを育てたいと思っているため、拒否されることも多い。親の意に反して子どもを保護するためにはハードルが高いし、受け入れ先の施設も限られている。子どもを保護したほうがいいと行政に訴えても、親が入院したり事件を起こしたりなどの問題行動がない限り、行政はすぐに動かず、様子を見ていることが多いという。

「結果として、子どもたちが置き去りの状況になっている。親の影響を受けてか、子どもが心を病んでしまったり、一〇代でアルコール依存症になってしまったりするケースもある。子どもをしっかりフォローしないと、負の連鎖が続いてしまう。それを何とか断ち切りたいと、できることから始めたんです」

このNPO法人が一番意識しているのが、悩み事を相談しやすい雰囲気作りだ。悩みを抱える母親には、自らも子育てをしている看護師が訪問看護などを通してママ友のように接し、信頼関係を築く。その積み重ねが問題の未然予防にもつながるし、いざ問題が起こり子どもと一緒に家に閉じ込もってしまうような場合でも、家庭のなかに入っていける関係性を築きあげることができるのだ。

病院を受診してはいないものの、精神疾患の傾向がうかがえるグレーゾーンの親も多いうえ、精神疾患と一口に言ってもそれぞれに症状が異なる。支援する側にはきめ細かい対応が求められるし、支援してもなかなか目に見える結果につながらないこともある。

「親の体調が不安定なときは、正直、一歩すすんで二歩戻るといった状況もあります。それでも、徐々に症状が改善していく親も多く、当事者同士が交流する場を作ってよかったと感じます」

NPOの設立から一〇年となるが、当事者目線に立った支援は全国の注目を集めている。寺田理事長はこうした取り組みがもっと広がることで、つらい状況に置かれる子どもを少しでも減らしていければと考えている。

いる。

今度は自分が子どもを支えたい

マオさんに話を戻そう。施設に入所したのち、中学に通えるようになったマオさん。受験までは二ヶ月と限られていたが、一生懸命勉強に励み、定時制高校へ進学した。この春には卒業し、短大に進学した。施設を出て、今はアパートで一人暮らしをスタートさせている。

失われた時間は戻ってこないが、マオさんは前を向いて生活をしている。将来、保育士の資格をとって、児童養護施設の子どもたちの面倒を見たいと考えている。施設に入るまでは、施設に対するいいイメージはなかったが、食事の心配をせず、落ち着いて布団で寝ることがどれだけ幸せかを実感した。何より嬉しかったのは、施設の人たちの温かさだ。今まで「厄介者の家族」としてしか見られなかった自分の意見を尊重して、同じ目線で親身になって考えてくれた。

自分を救ってくれた施設の人たちのように、自分も保育士になって、同じような経験をした子どもたちを支えていきたい。そして、将来的には独立して、里親になって子どもたちを支援していきたいと考えている。子どもたちの味方になり、つらい経験をした子どもたちを一人でも減らせるよう、自分にできることをしたい。熱い思いを聞きながら、マオさんに世話してもらえる子どもたちはきっと幸せだろうと感じた。

「君のこと心配しているよ。だからお話ししてくれへんかな、って言える身近な存在になりたい。しんどいとき、一緒になって考えてくれる人がいるんやっていうことを、子どもが感じられるような世の中になったらいいなって」

子どもが施設に入ったとしても、そこでずっと離れ離れになるわけでなく、その間に親も生活を立て直し、一定の期間後に親子関係が改善していくケースも珍しくはないという。今も施設に保護されることもなく、気づかれることすらなく耐え忍んでいる子どもたちがいる。積極的に関わり支援機関につなぐのをためらう必要はないはずだ。

誰も味方になってくれなかったからこそ、自分だけは子どもたちの味方になってあげたいと語るマオさん。初めての一人暮らしをしつつ、勉強に励んでいる。最初の目標はすでに決まっている。自分が入所していた施設に保育士として戻ることだ。

第五章　消えた子どもたちの「その後」

保護がゴールではない

ここまで、親の事情で社会との接点を失い、姿が見えなくなってしまう「消えた子どもたち」の、保護されるまでの日々について記してきた。

一八歳まで家に監禁され、小学校にも中学校にも一度も通えなかったナミさんは、自力で家から逃げ出し、警察に保護された。車上生活を余儀なくされ、一年以上、小学校に通えなかったケンジくんは、父親の病死をきっかけに児童相談所に保護された。母親の精神疾患が原因で、中学校にほとんど通えなかったマオさんは、母親が逮捕されたことをきっかけに保護。

どのケースでも、本人の勇気や偶然をきっかけとして初めて社会が気づき、その後、適切な機関へと送られることになった。本来、姿の見えない子どもたちに対して気をつけるべきである行政機関や、その存在に気づいてもおかしくない周囲の人々が「発見」したわけではないことを考えると、もしかしたら今もこの子どもたちは消えたままだったかもしれず、その人生を想像するだけでも背筋がぞっとしてしまう。

「助かって本当によかった」と胸をなでおろした方もいるかもしれない。それはある意味では事実だ。児童養護施設などで子どもたちと接する職員の多くは、人員が少ないなかで懸命に子どもたちと向き合い、愛情を注ぎ、世話をしている。そうしたひたむきな努力に支えられ、消えた子どもたちは少しずつ新しい生活に慣れ、学校にも通い、社会のなかで生きていく。そうした姿をこれまでの取材で確認してきた。

しかし、事がそう簡単には進まない現実があることも見えてきた。当然のことながら、保護された子どもたちは、社会と断絶された期間のなかで、様々なものを失っていた。学校教育、友だちと過ごす時間、夏休みの思い出や、一家団らん。私たちにとって当たり前に思えることを根こそぎ奪われてしまうことが、どれほど子どもたちの心に傷を与え、そしてその後の人生に影響していくのか。

第二章でも触れたアンケート調査からは、消えた子どもたちの実に九割超に何らかの影響が残っている実態が明らかになった。私たちは、子どもたちが保護された経緯だけではなく、「その後」にも目を向け、取材を重ねた。そうしたなかで、彼ら・彼女たちが直面した困難、生きにくさの内実を知ることになった。

児童養護施設に保護されたある女の子は、このような言葉を手紙に綴《つづ》っていた。

「今でも人をうたがってしまう。みんなと違う育ち方がいけないの？」

「わたしはこれからの一年後をどうするの？　死んだほうがいいの。なぜ生きているの？　助けて!?」

ここからは子どもたちが背負わされてしまった、知られざる十字架について、記していくことにしたい。

保護されて九年――ナミさんの今

一八歳まで自宅に監禁されていたナミさんへの取材を行ったのは二〇一四年の夏から冬にかけてのことだった。ナミさんが保護されてから九年という月日が経過していた。

取材を始めるにあたり、私たちの念頭にあったのは、ナミさんの過去に耳を傾けることとともに、彼女は今、どのような日常を過ごしているのだろうかということだった。壮絶な過去とどのように折り合いをつけ、九年後の今を生きているのだろうか。あるいは、どのような困難を抱えているのだろうか。

取材を始めてから三ヶ月たった一〇月初旬のある日、私たちは福岡市の中心部にある警《け》固《ご》公園で彼女と待ち合わせた。ナミさんが言うには、この日は、県内の社会福祉協議会に用事があるという。

「私、来月、講演することになって」

ナミさんの一八歳までの体験について、一般市民を相手に話し、虐待の問題について意識を啓発したいと市に頼まれたのだという。その講演の相談をしにいくというので、同行させてもらうことにした。

福岡市からおよそ一時間、目的地に着くと、ナミさんは担当者と小一時間にわたって打ち合わせを行った。話したいこと、伝えたいことは何か。一度、箇条書きでもいいから、文章に書き起こしてみてはどうか。何か不安なことはないか——。講演の会場も下見し、ナミさんは意志を強くしたように見えた。

帰り際、社協の担当者が、「道の駅」に寄ってみてはいかがですかと勧めてくれた。梨やブドウがおいしい季節だ。ナミさんは笑顔で応じていた。

自身の体験を大勢の前で告白し、伝えるというのは、苦しい作業に違いない。なぜ講演を引き受けようと思ったのかを尋ねると、ナミさんは力強く答えた。

「取材を受けた理由と同じです。もう二度と、私と同じような思いをする子どもがいてほしくない。消えた子どもを生み出さない社会であってほしいと思うんです。そのためには、親へのカウンセリングとか、周囲の人が気づいてあげるとか、いろいろできることがあるはず。そういう意識を持ってもらえたらなと思って」

帰る道すがら、「道の駅」を訪れた。地域で採れたばかりの新鮮な果物や野菜が所狭しと並んでいた。目を輝かせて友だちへのお土産を物色するナミさんは、どこからどう見ても普通の二七歳の女性だった。

道の駅の裏手には、のどかな田舎の風景が広がっていた。ナミさんはスマートフォンでパチリパチリと写真を撮っていた。青い空が美しく切り取られている。

「写真を撮るのも好きだし、こういう風景も好き。誰も知らないところに行きたい。将来はのんびりこういうところで暮らしたいな……」

今日はこのあとどうするのか尋ねてみた。

「何もしません。私、基本的に、何もすることがないんです。な～んにも」

それが、ナミさんの日常だという。

一人暮らしの部屋で

この日、私たちは福岡市内のナミさんの自宅に招待してもらった。

近所のスーパーで牛肉、ジャガイモやニンジンを買って、小さなアパートの一室を訪ねた。部屋に足を踏み入れると、まずはキッチンがあり、奥のドアごしにもう一部屋あるという間取りだった。

私たちは、内心驚いていた。部屋に、物がほとんど何もないのだ。あるのは黒い自転車、小さなテーブル、テレビといったところで、およそ女の子の部屋らしいものは何もない。

外に面した窓は二つ、ベランダもあったが、黒いカーテンがかけられ、外は見えない。壁には大きなポスターが貼られていた。日本のロックバンドのもので、昔好きだったそうだ。ナミさんはさっそく料理の準備を始めた。手際よく野菜を切り分け、フライパンに入れて煮込む。肉じゃがだ。

「水を入れないのがポイントなんですよ」

第一章でも触れたように、料理が得意だというナミさんは、毎日、ほとんど自炊をしているという。どこで料理を覚えたのだろうか。

「前に、グループホームで調理補助の仕事を一年ほどしていたことがあるんです。でも、ほとんど我流なんですよ。感覚で。だから、おいしいかどうかはわかりませんよ」

仕事で覚えた料理のいろはをもとに、いろいろと自分なりに試しているのだという。

台所に面した壁をふと見ると、短いカーテンのようなものがかけられていた。よく見ると、それはタオルだった。タオルをめくると、そこには小さな出窓があった。何のためにタオルをかけているのだろうか。

「なんかすごい気になるんですよ、光が入ってくると。なんかこう、開けるのがあんまり好きじゃなくて」

たしかに、タオルがカーテンに見えたのも、外光を遮るためにかけられているように見えたからだ。聞くと、ナミさんは、奥の部屋のカーテンも常に閉め切っていて、洗濯物もベランダではなく室内で干すという。ナミさんが一八歳まで母親に監禁されていた部屋も、黒いカーテンが閉められ、光が閉ざされていた。

ナミさんは、私たちにもできたての肉じゃがを振る舞ってくれた。それは、ひと口食べて思わず声が上がるほどおいしかった。何度もおかわりさせてもらい、和やかに食卓を囲んだこのときにも、気になることがあった。

ナミさんの食べるスピードが、速いのだ。黙々とお箸を口に運び、あっという間に平らげていく。

「癖なんでしょうね、たぶん。昔、親に速く食べろってずっと言われてきて。遅く食べてたら怒られてたので、今でもなんか、食べるの速くて」

そう言うと、ナミさんは食べ終わった食器を重ねた。

働きたいけど、働けない

私たちには気になっていた言葉があった。それは、この日ナミさんが道の駅で口にした「いつも何もすることがない」という言葉だ。普段は何をして過ごしているのだろうか。

「自転車に乗って、公園に行ったり、海に行ったり。一日中、音楽を聴きながら海を眺めていたこともありますよ。カラオケも好きなので、ひとりで朝まで歌うこともあります。本当は、早く仕事を見つけたいんですけどね……」

ナミさんはそのころ、行政の支援を受けながら生活をしていた。前述のように仕事をしていた時期もある。紹介を受けて始めたグループホームでの仕事は、とても楽しくやりがいもあり、一年三ヶ月続けた。しかし、ナミさんの仕事を阻んだものがあった。

「体力的に、時々すごくしんどくなる時期があるんですよ」

仕事をしていたとき、ある日突然、起き上がることさえ苦痛になるほどの倦怠《けんたい》感に襲われたというナミさん。今は総合病院での診断も受け、定期的に通院することでほとんどそのような症状はなくなったが、当時は何もわからず、うずくまる日々が続いたという。

そして、もう一つ、ナミさんにとってストレスだったのが、職場での人間関係だったという。

「いろいろ気を遣って、おせっかいをしてくださる方がいたんですよ。体調を気遣ってくれたり、何か困ってないかといつも気にかけてくれたり。もちろん好意でしてくれてるのはわかっているんだけど、次第にプレッシャーになっていったというか……。なんで、もっと普通に接してくれないのかなって」

ナミさんをいろいろ構ってあげようとした同僚の気持ちはわからないでもない。しかし、ナミさんの胸の内にあったのは「普通に生きたい」ということだった。あるいは、構ってくれる人との距離感をどう保てばいいかわからないということでもあった。そんなナミさんにとって、職場に行くこと自体が悩みの種になっていったという。

体調不良と、人間関係。二重の壁に悩んだナミさんは、とうとう仕事を辞めた。それ以来、仕事らしい仕事には就いていないという。

「今すぐにでも働きたい。本当に、何でもいいから、とにかく働きたい。その気持ちでいっぱいなんですけど」

ナミさんは、語気を強めて、就職への強い気持ちをあらわにした。少し怖いくらいの迫力があった。これまで、ハローワークにひとりで行き、求人に応募し、面接も受けてきたというナミさんは、あるものを見せてくれた。

それは、履歴書だった。つい最近、調理の仕事の募集を発見し、その会社に申し込みをして面接まで受けたが、翌日にすぐさま履歴書ごと郵送で返却されたという。

その履歴書には、スーツと白いワイシャツを着たナミさんの写真が貼られている。スーツは、知人に借りたという。名前と住所の下には、これまでの学歴や職歴を記す欄がある。そこには、たった一行、卒業認定を取得した中学校の名前だけが記されていた。

こんなにも、何も書くことのない履歴書があったのだ——。

義務教育を受けることができず、もちろん高校や大学、専門学校に通うこともなかったナミさんにとって、書くことのできる唯一の「歴史」は、児童相談所で卒業認定してもらった中学校の名前だけだった。

「なんで会社は、履歴とか、学歴とか、気にするんでしょうね」

ナミさんがぼそっとつぶやいた。

「働きたい意欲は誰よりもあるし、それなりに働けるとも思ってる。でも、親とか、家族構成とかいつも聞かれて。保証人は誰なんだとか。それで、いつも答えられなくなってしまう。私という人間を見てほしいのに、私について回る過去だけを見られてる気がする」

ナミさんは、働きたい、働きたいと何度も会社に応募しては、採用を断られる日々が続いていたのだ。

高校の卒業資格を取得しようと、定時制高校に通うことも考えた。しかし、願書を出す際に、やはり家族や保証人について記す欄があり、断念したという。

「これまでも、出会った人とかに、出身とか家族、学校とかについて聞かれて話すと、みんな引いてしまって、『頑張ってね』と言われる。『生きててしんどいよな』とか。そんなふうに言うなら、最初から聞くなよ、って。すごい嫌なんです。私には、当たり前の答えというのが言えないから」

突き返された履歴書を手にナミさんは振り絞るように言った。

「一生懸命書いたのに、こうやって返ってくると、つらいんですよね。私には居場所がないって言われてるみたいで」

履歴書には、一番下に「応募の動機・自己ＰＲ」を記入する欄があり、そこには、たどたどしいながらも、力のこもった字で、このように書かれていた。


調理が好きで得意である為。

貴社で誠心誠意働きたいと思います。

押し入れで眠る

夜も更けてきた。私たちは帰り支度をしながら、改めて何もないナミさんの部屋を眺めた。

「なんか、少しでも散らかってるのが嫌なんですよね。ちょっと自分の寝床だけは違うんですけどね。見てみますか？」

そう言うと、ナミさんは、部屋の奥に面している押し入れを開けた。

「こんな感じなんですよ。私の寝床です。音楽聴いても、防音の効果もあるし、なんか落ち着くんですよね」

天井までの高さがある押し入れは、三段構造になっていて、一番上と二段目には衣服を入れるケースなどがあり、物置として使われているようだった。そして、一番下の三段目に薄い布団が敷かれていた。奥にはおしゃれな紋様のシェードをかぶせた電気スタンドが置かれている。

寝るときは、いつも押し入れにこもって眠りにつくという。押し入れの壁にも、日本のヴィジュアル系バンドのポスターが貼られていた。

「好きなんですよ、歌詞とか」

押し入れには、嫌な思い出しかなかったはずであった。実家で監禁されていたとき、学校の先生が訪ねてくると、母親に決まって閉じ込められていたのが押し入れだった。その押し入れの中で、ナミさんは母親と先生との会話を聞いていた。もう一歩踏み込んで、襖《ふすま》を開けてくれさえすれば、ナミさんは発見されていたのだ。母親の嘘が露見していたはずなのだ。今とは違う人生がありえたかもしれなかった。

学校の先生がナミさんに気づかず、去っていくとき、ナミさんはどんな気持ちだったのだろうか。そして今、その押し入れが「落ち着く場所」だと言うナミさん。ただ、普通に生きたい。そのささやかな願いさえ叶えることも難しく、人が一人ぎりぎり入れるくらいの、狭い寝床に身を寄せる彼女の姿を目の前にしたとき、胸に迫るものがあった。

生活の端々に垣間見えた、ナミさんの過去。そして、その過去がもたらす就職への高い壁。ナミさんが過ごした一八歳までの苦渋の月日は、まだ決して消えていない。私たちは帰り道で思わず顔を見合わせ、そして小さなため息をついた。

唯一の「居場所」

このころ、ナミさんには週に一度、決まって訪れる場所ができた。海の近くに建つ児童相談所、「えがお館」である。

私たちはナミさんと一緒に、五階にある一室を訪れた。そこは、ナミさんと最初に出会い、話を聞いた場所だ。えがお館が「思春期集団支援事業」として、引きこもりの子どもたちに居場所を提供しようと取り組んでいる部屋である。通称、「ピースフル」と呼ばれている活動で、様々な理由で不登校や引きこもりになった子どもたちに、週に一度は家の外に出てもらおうと、支援員が部屋を開放しているのだ。支援員は、えがお館の職員のほか、かつて引きこもりだった時期がある若者たちがつとめ、彼らは「ピアサポーター」と呼ばれている。

取り立てて何か特別なことをするわけではない。少しずつ打ち解けてきた子どもは、ピアサポーターとトランプをしたりお茶を飲んだり、アニメの話をしたり。ただ来るだけで、ほとんど何も話さない子どももいる。それでも、社会にもう一度復帰していく足がかりになればというのが活動の目的で、ピアサポーターたちも無理矢理話しかけるわけではなく、ただ自然に子どもたちと時間を過ごす。だいたい、いつも集まるのはピアサポーターが一、二人、子どもたちが五、六人といったところだ。

以前、ナミさんはこのピースフルの参加者として支援を受けていた時期がある。そんなナミさんに「今度はピアサポーターになってほしい」と頼んだのは、えがお館で嘱託職員を務める明石久美子さんだ。

「ナミさんをピアサポーターに誘ったのは、彼女は調理関係で働いていた経験もあるので、ここに来ている子どもたちの今後にとっても参考になるかなと考えたからです。ナミさんは一人暮らしもしていますし、料理のコツとか、子どもたちにとってよいアドバイスをしてもらえるのではないかと思って」

ナミさんと定期的に連絡をとりつづけていた明石さんは、彼女が精神的にもだいぶ安定してきたと感じ、声をかけたという。

対人関係って、難しい

この年の夏から、ピアサポーターとして再びピースフルに戻ってきたナミさん。ここでは給料は出ないので、ボランティアとしての活動になる。

「ナミさん、髪染めたでしょ」

「あ、バレたかー」

「ダークブラウン?」

「うん。プリンになるのが嫌で(笑)。この梨、きのう道の駅で買ったんだけど、もしよければどうぞ」

「うわー、ありがとう」

ほかのピアサポーターたちとナミさんは普通に談笑しているように見えた。

ピアサポーターとして活動を始めて三ヶ月。ここでのナミさんの役目は、最初にみんなにお茶をいれること。部屋にあるヤカンを持って給湯室に向かい、お湯を入れる。

ここでの活動をどう思っているのだろうか。

「みんなに会えるのは楽しいし、みんなが頼ってくれるのは悪い気はしないんですけどね」

お湯を入れながら答えるナミさんの表情は、どこか浮かない。

「正直、違和感はある。ここに来ていいのかな……とか。みんなと違う生き方をしてきている自分が、みんなの輪のなかに入ったら浮いちゃうんじゃないかなとか、白い目で見られるんじゃないかなとか」

ナミさんはヤカンを携えてピースフルの部屋に戻り、ピアサポーターや、集まってきた子どもたちにお茶を注いで回る。自動車の運転免許について談笑するピアサポーターの男性と子どもたちの傍らで、ナミさんはこのとき、黙ってうつむいたままだった。

「人と関わることはすごく緊張感があって……。予期せぬことが起こるんじゃないかって不安があるんです。嫌われたら嫌だなとか。だからやっぱり人との距離感、自分からすっと引いてる状態なんですよね。対人関係自体が難しいなって……」

対人関係に悩むことは誰にでもあるだろう。ただ、ナミさんにとっての対人関係には、特別な意味がある。一八歳で家から逃げ出すまで、一度も集団生活を経験したことがないのだ。クラスで受ける授業も、運動会も、修学旅行も。

考えてみれば、私たちは人間関係にまつわる多くのことを、学校で学ぶのではないか。同年代の子どもたちや学校の先生、友だちの両親などと接するなかで、多少なりとも人との関わり方を覚えていくはずだ。その経験が、ナミさんには一切ない。ましてや、家庭のなかでさえも、人として扱われてこなかったのだ。

家を逃れてから悩み続けていた対人関係。それは、九年経った今でも簡単に克服できることではなかった。

一歩踏み出す難しさ

翌日。ナミさんの姿は福岡市内のハローワークにあった。「えがお館」の明石さんとともに訪れたのだ。何とか仕事を探して働きたいという思いを募らせていたナミさんに、明石さんは「若年者個別支援コーナー」を紹介しようと考えていた。コミュニケーション能力や対人関係に困難を抱え、就労に苦労する若者などを専門に支援する窓口だ。ピースフルに来ている子どもたちにも、ナミさんの口からこの窓口について説明してもらえればという狙いもあった。

窓口の担当者は、職業訓練校で行われる求職者支援訓練など、様々なコースをナミさんに紹介した。求職者支援訓練とは、一定期間、訓練校に通うことで、規則正しい生活習慣を身につけながら、介護などの資格を取得し、受講者の就労に役立ててもらおうという事業だ。

ナミさんは、資料などをもらってハローワークをあとにした。

「参考になる話はかなりありました。一歩先に進みたいという思いが強いので、次につなげていきたいです」

明石さんも深く頷いていた。きっと、思いは同じだったはずだ。

後日、ナミさんは調理に関する求職者支援訓練を受けようと面接を受け、合格したものの、入学する段になって断念してしまった。手続きの際に「保証人」について記入しなければならなかったからだ。

当たり前のことを簡単に答えられない、周りから白い目で見られるのではないか――。そんな思いがこみあげてきて、会場を飛び出してしまったという。

いつまでもそんなことを気にしていたら、前に進めないのではないかと思う人もいるかもしれない。しかし、保護されてから九年、これもまた彼女が抱える現実なのだった。周りから見れば小さなことが、彼女にとっては、とてつもなく大きな壁となって立ちはだかっていた。その壁を何度も乗り越えよう、乗り越えようとしては、もがき苦しむ彼女の姿がそこにはあった。

癒えない心の傷

二週間後、私たちは再びナミさんに会いに行く準備をしていた。講演までの準備などを含めて、日々を記録したいと考えていた。そんな折、ナミさんから電話がかかってきた。

もう、取材は終わりにしてほしいという。ひどく落ち込んだ声だった。

どういうことなのか、何があったのか尋ねてみると、これ以上、カメラを向けられるのが苦痛だという。

そのきっかけとなったのは、スーパーでの出来事だった。買い物に行ったとき、年老いた母親とその息子がいた。母親が息子に注意を与えたことに逆上したのか、彼が母親を叩いた。目の前で起こった暴力を見て、突然、過去の記憶がフラッシュバックしてしまったのだという。パニック状態になり、取材に応じる余裕がなくなってしまったのだ。

何はともあれ、私たちはナミさんに会いにいくことにした。もちろん取材のことも頭にあったが、何より彼女が私たちに電話をしてくれたこと、苦しみを訴えてくれたことに対して向き合わねばならないと考えたのだ。

会いにいくと、ナミさんは心の落ち着きを幾分か取り戻しているように見えた。一緒に食事をしたり、カラオケに行ったり、ともに時間を過ごすうちに、講演の原稿を書く場面だけは、取材してもいいと言ってくれた。自らの体験をもとに虐待問題の啓発をと請われた、例の一件だ。

昼間、いつものようにカーテンを閉め切った部屋でパソコンに向かうナミさん。一心不乱にキーボードを叩き続ける。今は、何歳のころを思い出して書いているのだろうか。傍らで見守り続けた。

三、四〇分は経っただろうか。ナミさんが大きく息を吐いて、立ち上がった。

「ちょっと、休憩してもいいですか」

もちろん、と私たちは答えた。

「本当にきついんですよ。思い出すと」

ナミさんはキッチンへと移動していった。しばらくすると、ナミさんがすすり泣く声が聞こえてきた。部屋に残った私たちは、ただ黙ってそれを聞いていることしかできなかった。

逃げてきてよかったのかな

翌日、私たちはナミさんと海に出かけた。ナミさんは、海を眺めるのが好きだという。

午後三時くらいだっただろうか。私たちは福岡市の中心部から車で四〇分ほどの距離にある志賀島《しかのしま》という島を訪れた。天気は曇りで、海風は、やがて到来する冬の寒さがすでににじみ始めていた。

ナミさんは、浜辺に降り立つと、落ちている貝殻を拾いだした。いくつも、いくつも貝殻を拾って歩いていく。私たちは、そっとあとからついて行った。人はほとんど誰もいなかった。岩の上にカモメが集まって鳴き、そしてどこかへ飛んでいった。波の音だけが聞こえる、静かな秋の海だった。

やがてナミさんは気が済んだのか、ブロックの上に腰掛けた。そして、長い間、海を眺めていた。

ナミさんは、私たちに拾った貝殻を見せてくれた。そして、それを自らの人生にたとえた。

「一八年間、はまらなかった人生のピースを一つひとつ拾って集めてる感じですかね。逃げてきてから、自分にできなかったことのピースが、一つひとつ見つかっていって、つかんで、パズルみたいにはめていってみたいな、そんな感じです。でも……いいピースはまだみたいですね。なんか見つからないですね、本当に……」

ナミさんはつぶやくように言った。

「カモメになりたい……。いや自由になりたい」

ナミさんに、尋ねた。

「今はもう自由なんじゃないの？」

「自由すぎて、苦痛なときがありますね。たしかに家から逃げてきたのは自分なんですけど、ただやっぱりこの九年間を過ごしてきたなかで、なんだろう。自由を手に入れたのはいいんだけれども、自由を手に入れすぎて逆にきついというか。そういった意味では、逃げてきてよかったって思えない部分もあって。消えていなくなりたいと思うこともあるし……」

日もすっかり暮れようとしていた。遠くに、灯りをともした船が見える。

ナミさんが、一八歳まで監禁されていた家を飛び出してきたことは、間違いなく正しい判断のはずだった。自転車に乗って出かけて買い物をしたり、好きなお店に行ったり、自由を手に入れたはずであった。しかし——。

保護されてから九年。それほどの時間が経っても、いまだ癒えることのない心の傷を、見せつけられたような気がした。彼女を周りで支える人たちが、手を尽くしていることも事実だ。それでもなお、「逃げてこないほうがよかった」と思わせてしまう私たちの社会は何なのだろうか。

消えた子どもに気づけないということが、これほど罪深いことなのだということを改めて知った。

友だちはほしくない——ノゾミちゃんの場合

過去という重い十字架と向き合い続けるナミさん。彼女はすでに成人となり、彼女自身の苦しみと向き合っていたが、たとえば、小学生のようなまだ幼い子どもの場合はどうなのだろうか。

アンケート調査に回答した、西日本のある児童養護施設が取材に応じてくれた。保護されてからまだ半年ばかりの子どもを預かっているという。

「こんにちは」

施設を訪れると、中年の女性職員が出迎えた。名を早川さん（仮名）という。早川さんは自宅から施設に通い、子どもたちに食事を作ったりして面倒を見ている。シフト制で施設に泊まり、子どもたちと朝を迎えることもある。他の職員たちとともに子どもたちのお母さん的な役割を果たしている。

「散らかってますけど……」

玄関の靴箱を見ると、幼い子が履くような小さな靴から、若者に人気のあるブランドのスニーカーまでがいろいろと並んでいた。この棟では、十数人の子どもたちが共同生活をしているという。

居間から、「早送り、早送り！」という声が聞こえてくる。小学校低学年とおぼしき子どもたちが、録画したアニメを見ているようだった。

「ノゾミちゃん」

早川さんが名前を呼ぶと、居間の隣にある部屋から女の子が出てきた。

「こんにちは、今日はよろしくお願いします」

私たちが挨拶すると女の子は黙ってうなずき、部屋に戻っていった。

ノゾミちゃん（仮名）は小学校六年生だ。三年生のころから、およそ三年間、母親の虐待を受け、学校に通わせてもらえなかった。誰も気づいてはくれず、自ら逃げ出して警察に駆け込み保護されたという。

ノゾミちゃんは二人部屋に入っているが、中央が大きな衝立《ついたて》で仕切られていて、実質的には個室といった感じだった。まず目に飛び込んできたのは、真っ赤なランドセルだった。

「おじいちゃんが買ってくれた。一年生になる前」

ノゾミちゃんが言った。しかしそれは使い込んだ形跡がなく、ほとんど新品といっても差し支えない。

「四、五年生のとき行ってないから……。まだ、ほとんど使ってないから」

ゆっくりとした独特のリズムで、言葉をぽつりぽつりと話す。

ノゾミちゃんは机の前のイスに座ると、読みかけだった漫画雑誌を手に取った。『週刊少年ジャンプ』だ。表紙は「ワンピース」。海賊王になることを目指す主人公が、仲間たちとともに数々の冒険劇を繰り広げる人気漫画だ。無心に読むノゾミちゃんに尋ねた。

「ワンピース、好きなの？」

「きらい」

意外な答えだった。

「なんで？」

「話についていけない。家にいるとき、全然読んでなかったから。漫画を買ってもらったりしたこともないし、自分で外に買いにも行けないし」

ノゾミちゃんは、漫画を読むことに集中したいようだった。私たちは、ノゾミちゃんの部屋を出て、しばらく施設の他の場所を見学させてもらうことにした。

居間では、引き続きテレビを見ている子どももいれば、走り回って遊んでいる子どももいる。年齢は、幼稚園か、小学校低学年といったところだろう。みな、きょうだいのように仲がよさそうだった。

「お兄さんもあそぼー」

しばらく、子どもたちと遊んで過ごした。誘われるままに子ども部屋に入ると、壁に絵が飾ってあった。子どもたちがクレヨンや色鉛筆で描いた絵だ。その絵は「おかあさん」という題名で、描いながらも、にっこりと笑う女性が描かれていた。

しばらくそうやって過ごしていると、ノゾミちゃんが部屋から出てこないことに気がついた。そっと部屋をのぞき見ると、まだ漫画を読んでいた。

「ひとりで過ごすことが多いの？」

「うん、やっぱ、友だちはあまり。ここでは、けっこう話すけど。同級生があんまりおらんし、歳が違うから、話しやすいし」

「そうなんだね。学校ではどう？」

「うーん、まあ、なんかいつも、教室でも、ひとりでいるし。そんな、話しかけたりとかしない」

「友だちほしい？」

「そんな、思わん……。グループでしか動けないような人とかが、けっこう多いから。そういう人はあんまり好きじゃなくて」

話せる人はいるけど、親友はいないというノゾミちゃん。友だちがそんなに欲しくないという言葉が、胸に残った。

人との距離感をつかんでほしい

昼食の時間、職員の早川さんが作ってくれたうどんを囲んで食卓につき、手を合わせる。

「いただきまーす」

ノゾミちゃんも、お箸でうどんをすすっていく。ひとり、またひとりと食事を終えて席を立っていくなか、ノゾミちゃんの食べるスピードは、極端に遅い。全員が食べ終わっても、ノゾミちゃんはまだ食べている。

「食べるの、ゆっくりなんだね」

「ここに来て、みんな食べるの、めっちゃ速かった」

考えてみれば、ノゾミちゃんは、小学三年生からおよそ三年間、食卓を家庭のなかでしか囲んでいなかった。

「お母さんがそうやって食べてたの?」

「わかんない。あまり見たことがないから」

「お母さんと一緒に食べたことなかった?」

「たまに食べてたけど、お母さんを見て食べたことない」

隣で早川さんが苦笑する。

「なんでもひと通りは食べます。遅いけどね」

食事の後片付けが終わったあとで、早川さんに話を聞いた。

「だいたい、いつも最後までかかってます。家にいたときは、きょうだいの世話をしてたと言ってました。そのときに、自分が卵焼きとか、目玉焼きとかを作って食べさせていたと。ゆっくり食べるのも、この施設でいただくご飯のなかにこれまで食べたことがないものがあるからなのかなって思う面もあります。ゆっくりいろいろ見ながら食べてるのかな、用心深く」

ノゾミちゃんは、母親が食事を作ってくれないので、小学三年生にして自炊していたという。自ずと献立も限られたに違いない。

普段の暮らしぶりについても尋ねてみた。

「あんまりガツガツする子じゃないですね。頭もいいですしね。ただ、友だちの輪には入れないですね。学校の先生がおっしゃるには、友だちのほうも話そうと思ってノゾミちゃんのところへ行くんだけど、彼女が距離感をつかめないものだから、一言二言で終わるみたいなんですよ。だからちょっともう、みんな引いてしまうっていうか、それ以上の関係ができにくいっておっしゃってました。こないだ、陸上大会で、幅跳びに出てたんですよね。私も応援に見に行ったら、子どもたちが列で並んでいるのに、少し離れた後ろのほうにぽつりといました。そんな感じで、あんまり交わってないなあと思いました」

早川さんは、ノゾミちゃんが対人関係に難しさを抱えていると感じていた。個人的な性格もあるのかもしれない。しかし、およそ三年間、社会との関わりを断たれていたことによる影響がやはり強いと見ていた。

「虐待を受けてきた子どもにも多いんですけどね。やっぱり、人間的なコミュニケーション、距離感をつかんでほしいなと思いますね。もっと心を開いていいんだってこと、失敗してもいいし、泣いても叫んでも、怒ってもいいってことを知ってほしい。そういうことが自然にできるようになってほしいんです。難しいですけど、そういう人格作りの手伝いをしたいなと思ってるところです」

ノゾミちゃんは母親による虐待によって「消えて」いた。自ら家を飛び出してから半年、本人にはその自覚はないのかもしれないが、施設の職員たちは彼女の対人関係やコミュニケーションの取り方を心配していた。まだ幼いながらも「その後」の日々の困難に直面していたのだ。

翌朝も、ノゾミちゃんはゆっくりと朝ご飯を食べていた。家にいたときは、幼い手で自ら作っていた食事。母親と食べた記憶もほとんどない。今は早川さんをはじめ、施設の「お母さん」たちが食事を作ってくれて、ともに食卓を囲んでいる。

食べ終わり、学校へ行く準備をするノゾミちゃんに早川さんが声をかける。

「いつも学校に一番乗りするんだもんね」

その言葉どおりに、ノゾミちゃんは施設内の誰よりも早く登校していった。

「いってらっしゃい」

「行ってきます」

施設を出ていくノゾミちゃんを私たちは見送った。小さな背中に背負った真っ赤なランドセルが、深まる秋の季節の中で、やけに映えて見えた。

苦しみのなかで「自分にできることを」

一一月。私たちは再びナミさんのもとを訪ねた。その日、ナミさんの姿は福岡市・天神にあった。市が主催する「虐待防止キャンペーン」のイベントにボランティアスタッフとして参加していたのだ。会場となった駅の広場では、虐待への意識を啓発するため、児童相談所の関係者がチラシを配ったり、支援団体の講演や演奏が行われたりしていた。

ナミさんは、あるブースでミサンガ作りを担当していた。五年ほど前から、自分も子どもたちのために何か役に立ちたい、そう思って参加しているという。初めは、ほかのスタッフと一緒にチラシを配ったが、知らないひとに上手く声をかけられなかった。ならばと、保護後に過ごした病院で教えてもらったミサンガ作りを始めた。たくさんのカラフルな刺繍糸とビーズをそろえて、子どもたちのために作っているのだ。

それは少し不思議な雰囲気だった。ナミさんは、子どもに慣れている大人のように、終始満面の笑みで子どもと接するわけではない。作っている間も「何年生？」「学校は楽しい？」などと雑談をするわけでもない。子どもから好きな色や作ってほしいアクセサリーを聞き取ったあとは、黙々と編み続ける。その真剣さが伝わるのか、子どもは静かに横に座ってじっと手元を見ながら待っている。そして、完成すると、ナミさんはふっと息をついて、子どもの手首にミサンガを巻いてあげたり、首にビーズのネックレスをかけてあげたりする。そのとたん、子どもの顔にぱっと笑顔が広がった。

「お姉さん、ありがとう！」

「どういたしまして。また来てね」

ナミさんも嬉しそうに笑った。

会場では、虐待防止キャンペーンの趣旨に合わせ、ひどい虐待の事例も報告された。また、赤ちゃんを抱きかかえた母親たちのコーラスグループによって「君は愛されるため生まれた」*という歌も披露された。その歌詞は次のようなものだった。

「君は　愛されるために　生まれた　君の生涯は愛で満ちている」

「君の存在が私には　どれほど大きな喜びでしょう」

「君は　愛されるために　生まれた　今もその愛　受けている」

思わずナミさんの顔を見てしまった。ナミさんが置かれてきた環境とあまりに異なる内容に、聴いていて苦しいのではないか、心配になって彼女を追った。しかし、ナミさんは表情ひとつ変えることなく、手を動かしていた。後に、このときのことを聞くと、ナミさんは言った。

「そういうの、最初はきつかったですけど、もう慣れていますから」

そのとき気づかされた。ナミさんにとっての九年間は、社会で自立して生きるために格闘してきた九年であるとともに、閉じ込められていた間には気づかなかった「普通の暮らし」がもたらす幸せの存在を知った九年でもあったのだ。当たり前に愛されている子どもたちの存在を知り、自分が置かれてきた状況の異常さを何度も何度も再認識させられてきた時間でもあったのだ。それはどれほど残酷なことだっただろう。

その日、ナミさんは、キャンペーンが終わるまで一日ミサンガを編み続けていた。会場の片付けが終わると、疲れた様子も見せず笑顔で言った。

「子どもたちと接することができて楽しかったです」

ミサンガにはどのような願いがこめられていたのか。ナミさんは答えた。

「ひとりでも多くの子どもが、当たり前のように楽しく学校に通えて、本当に普通に生きて、普通に過ごせること、それがやっぱり一番の願いですね」

一一月下旬、ナミさんは講演の日を迎えた。会場の社協には数十人の一般市民が集まり、ナミさんの話に耳を傾けた。

ナミさんは緊張のせいか、体が震えているように見えた。それでも、声を振り絞るように訴えていた。

「一八歳っていう年齢になるまで母やその他の家族に愛されることも、必要とされることも信用し合うことも一度もありませんでした。で、私は泣き崩れました。大声でもう泣きわめきました。どうしたらいいんだろうって、どうしたら母親が変わってくれるんだろうって……。施設の職員や学校の先生に断固として会わせない。電話は鳴る、玄関のチャイムは鳴る。だけど出られない。もうむなしかったです、その音がとても……」

静まり返った会場の中には、涙を流す人の姿も多く見受けられた。これまで何度もナミさんの話を聞いてきた私たちも胸を打たれた。

私たちは、保護されてから九年という月日が経過してなお、自身の心の傷に苦しみ、仕事もなく、自分の居場所を見つけられずもがくナミさんの姿を目にしてきた。その傍らで、ナミさんは「少しでも自分にできることを」と、ボランティアに参加し、子どもたちにミサンガを作り、講演という大役まで引き受けていた。

全て彼女自身が自分の頭で考え、行動したことだった。取材を通して知ったナミさんの等身大の姿に、私たちは時に涙もし、子どもの幸せを願う彼女の言葉に心を奮い立たせられもした。まるでナミさんの存在に突き動かされるように私たちは取材を続けた。
次の章に記すのは、ひとりの「消えた子ども」がたどった、ある過酷で非情な「その後」についてである。

注
＊「君は愛されるため生まれた」
作詞作曲：イミンソプ　訳詞：神明宏、朴鍾弼&B.B.J

第六章 自ら命を絶った「元少女」

最悪の結末——ユキさんの場合

それは、番組の放送日をひと月後に控えた、一一月のある土曜日の夕方のことだった。プロジェクトルームで、これまでの取材の結果をメモにまとめていると、ピーピーと、ファックス受信機が鳴った。今度はいったい、どのようなケースの回答が送られてきたのだろう。

ファックス用紙を手に取り、目を通すと、そこには驚くべき事実が書かれていた。ある「消えた子ども」が、施設を退所したあとに自殺したというのだ。私たちは、すぐさまその児童養護施設に連絡をとった。

その子どもの名前はユキさん（仮名）という。小学校には通っていたが、二年生のころから通えなくなった。父親、母親、そしてきょうだいと暮らしていたが、虐待を受け、人目につかないよう部屋に閉じ込められていたという。

二度、家を飛び出して警察に保護されたが、最終的に家に帰されていた。学校に通えない日々が七年間続き、一四歳のとき、再度、家を飛び出した。そのとき、警察に保護され、ようやく児童相談所に送られ、養護施設で暮らすことになった。

発見された当時の様子を記した資料には、「埃や垢にまみれて薄汚れ、ミャーミャーとしか（声を）発せられないような状況であった」と書かれている。関係者によれば、発見時におむつを六枚重ねてはいていたという話もある。

生活の「基本」がわからない

施設の職員の松本さん（仮名）は当初の様子について、次のように話した。

「ここに来たときは、無表情というか、ほんとに笑顔もなくて。歩くのもたどたどしい感じでした。言われていることはわかるようで、うーんとうなずいたり、その程度の意思表示はできてましたけど、それ以外はもうまったく無理でしたね」

ユキさんは、よくテレビの前に座って過ごしていたという。

「来たばかりのときは静かに座っていることが多かったですね。ほんとに動かない。どんな番組がついていても、ただじっと見てるというか。それで笑ったりするわけでもないんです。ほんとに、そちらを向いてるだけっていう感じでしたね。私たちも、ちょっとどう声をかければいいのかわからない状態でした」

ユキさんの棟には、ほかに十数人の子どもたちも一緒に暮らしていた。職員たちは、他の子どもと同じように、時間をかけて少しずつ接していった。

「いちばんびっくりしたのは、一緒にお風呂に入ったときに、中学生の女の子とは思えない肌質というか、もうほんと筋肉もなくて、ぜんぶこう下に下がってるみたいな、そういう印象で……。こういうところにも影響が出てくるんだなって」

ユキさんは、しだいに「なぜお風呂に毎日入らないといけないの」と言うようになった。新しい下着を用意してお風呂に入っても、脱いだ服をそのまま着るということが何度もあった。放っておくと、まったく髪の毛を洗わなかったこともある。

「朝起きてご飯を食べる、毎日お風呂に入るとか、そういう当たり前の生活が本人のなかでは区別がつかない様子でした。最初のころは、一緒にいないとそういう基本的なところがなかなか成立しなかったんですよね」

語り始めた虐待の日々

ユキさんは、施設の近くにある、特別支援学級もある中学校に通うことになった。通常のコミュニケーションを取ることが難しかったからだ。しかし、バスに乗った経験がなかったため、松本さんたち施設の職員が車で送迎していたという。学校は、特段嫌がる様子もなく通っていたが、「友だちがなんで楽しそうに話しているのかわからない」と漏らすこともあった。

そんなふうにして、少しずつ新しい日常に慣れていったユキさん。ポツリ、ポツリと、家で何があったのかを話し始めたという。

「本人が言うには、家に閉じ込められていた。外にも出ないし、健康のためと称して、夏は裸でベランダに出されていたとか……」

ユキさんは、気持ちを手紙に書いて松本さんに伝えてくることもあったという。その手紙を、松本さんは今も大切に残していた。

手紙に綴られていた現実は、凄惨《せいさん》を極めていた。

冬は冷水でシャワーをかけられる。泣くとぶたれる。夜はしばりつけられる。なぐられて血がでた。

机と椅子の絵が描かれていて、椅子に人が座っている。そして、その人はひもで椅子に縛りつけられている。絵には注釈があった。

ビニールひもでぐるぐる巻き。部屋のドアはガムテープがはってあった。

手紙はまだ続く。

ひざまづ《ママ》いて、おしりをたたく。ものさしで、木の棒のときもあった。数えながら、声を出したら、最初からやりなおし。体いちめん、ものさしであざだらけ。

私には、クリスマスも正月もなかった。正月なのに、クリスマスなのに、ぶたれた。

「本人は、クリスマスとかなかったと言ってましたね。家族が出かけるときも、自分だけ置いていかれたと」

取材の期間を通して、私たちは何度も何度も言葉を失うような現実を知ることになったが、このときの衝撃もまた、言葉を失うとしか表現できないほどのものだった。

心の叫びと向き合い続けて

ユキさんが施設に来て半年ほど経ったころ、次第に昂《たか》ぶった感情をあらわにすることが増えていった。

「二階で、バンバンバンバン、とすごい音がして。何があったのかと行ってみると、彼女が襖を蹴ったり、人の物を投げたりして暴れていました。どんどんエスカレートしていって、ハサミを私に向けてきて、廊下の窓に追い詰めて、網戸を開けて私を落とそうとしたり……。フラッシュバックでお家のことを思い出していたんでしょうか。親には言えなかったことを私にぶつけている部分もあったんじゃないかなと思いました。基本的には、大人を信じられなくて、私に対しても、試してる部分もあっただろうし」

この他にも、パニックになると扇風機を倒したり、枕を投げたり、洋服を部屋中に投げ散らかしたり。タンスをドアに立てかけ、バリケードにして部屋に閉じ込もったりもした。職員が他の子どもに優しくしたりすると、カーテンを切りつけたり、壁に「死ね」と書いたりしたという。

ユキさんがパニックになったときには、松本さんたちは抱きしめることしかできなかった。

「私たち職員が寄り添ううちに、少しずつ関係もでき始めました。安心して生活できる環境のなかで、自分がいろんなことを出しても大丈夫かなと感じて感情を出し始めたんだと思います。自分自身、うまくいかないことへのストレスもあったと思う。とにかく、今、その自分の苦しみから逃げたい、脱出したいというのがすごく強かったんでしょう」

ほかの職員たちもみんな、苦労したという。そうしたなかで、救われるような体験もあった。ユキさんが初めて笑顔を見せたときのことだ。

「何かの機会に、彼女が笑った。そうしたら、一緒にいた小学校低学年くらいの子が、『笑ったよ、笑ったよ』って。そうしたら彼女も真っ赤な顔して照れ笑いして。一緒に暮らしている子どもたちも彼女のことを見守っていたんですよね。やっぱり自分たちも苦しい思いをしてここに来ているので、ユキちゃんの苦しみが一番わかったのは、一緒に生活していた子どもたちなのかなって。そこに、救われる思いがしましたよね」

浮き沈みを繰り返しながらも、ユキさんは次第に施設での暮らしに慣れていった。中学を卒業し、高校にも進学した。時には学校でいじめられたりして嫌になることもあったようだが、そんなときは負けん気を見せて、歯を食いしばるように学校に通ったという。ファッションにも興味を持ち始めた。同じ年頃の子から雑誌を借りて、よく読んでいた。髪にリボンをつけたり、ひらひらしたスカートをはいたりしていた。

「ちょっとズレてる感じもしたけど、そんなところもかわいかったんですよね」

ユキさん自身の心の内はどうだったのか。高校生になってから書いた別の手紙には、このような記述もあった。

わからないよ！　今でも、人をうたがってしまう。みんなと違う育ち方がいけないの？　頭のびょう気なの？　それとも？　なんで、みんなとちがう考え方しかできないんだろう。だれもそんな事をみとめてくれないし　だから生まれてずっと人々にバカにされ、イジメられるんだね。私はこれからの一年後をどうするの？　死んだ方がいいの。なぜ生きてるの？　助けて?!

新生活への希望

当時の彼女の様子を松本さんは振り返る。

「やっぱり、だんだんこう、周りとの関係ができるようになってきて、他の子たちと自分は違うのかなとすごく悩んでた時期はありましたよね。なんで他の子はああやってるんだろうとか、それもわからない。他の子と同じようにアルバイトしたいとか思うけど、それも自分はなかなかできないし。そんなときに余計不安になって、ガラスを割ったりすることもありましたね」

そんなユキさんだったが、高校三年生のときにはアルバイトをするようになったという。自らアルバイト先を探して、近所の飲食店の面接に行き、皿洗いの仕事についた。よく注意も受けていたようだが、店長から「よく頑張ってるね」と褒められたこともあった。そんなときには、嬉しそうに報告してくれた。

そして、ユキさんは高校を無事に卒業した。

「月に六、七万円は稼いでいたみたいで。本人にとってはかなり成長になったと思います。幼少期の影響、記憶というのは消えないわけですから、それを全部消し去ることはできなかったと思いますけど、働いたり、高校を卒業できたっていうことが、彼女にはすごく自信になっていた。前向きな気持ちにはなっていた」

すでに述べたように、児童養護施設では、基本的には一八歳になった子どもは退所することになっている。その後の進路は、会社の住み込み寮やアパートなどに引っ越して就職するケースや、大学や専門学校に進学するケース、その他の社会的養護の施設に移るケースなど様々だ。例外的に「措置延長」として児童養護施設にとどまることもあるが、そうしたケースは稀である。

ユキさんの進路について、施設では、就労や一人暮らしは難しいだろうと判断。一方、少しずつだが成長が見られるため、自立に向けて次のステップにいくのがよいだろうと考えた。結果、ユキさんは、施設を出て、成人向けの自立支援のための施設に入ることになった。

施設で過ごしたのは四年間。松本さんたちも別れ際には涙を流したという。それほど、手も焼いたけれども、思い入れのある子どもだった。ユキさんは「これからも頑張ります」と言い残して、施設をあとにしたという。高校の卒業式を終えた、春のことだった。

そのころの彼女の写真が一枚だけ残っていた。ユキさんは、施設の職員に囲まれながら、控えめな笑顔で、ピースサインをしていた。

大人の社会への期待と不満

児童養護施設への取材からは、ユキさんが苦しみながらも、何とか前を向いて生きていこうとしていた様子がうかがえた。なぜ、その後、自殺という道を選んでしまったのか。その後、彼女の人生にいったい何があったのか。

ユキさんが暮らすことになった新しい施設での暮らしぶりはどうだったのか。私たちは、その施設を訪ねた。

施設長の森さん（仮名）が「ユキさんのことは、私も検証させてもらいたい」と、取材に応じてくれた。

その施設は、主に成人の自立支援を行うための居住型の施設で、利用者の年齢層も五〇代や六〇代など、高めだった。知的障害を抱えている人もいた。一〇代の女性が入ってくるのは珍しかったという。

「彼女は、最初から、ひとりで頑張って、私はひとりで生きていくんだとかなり言っていました。一方で、たぶん、すごく背伸びをして、みんなに嫌われないように、なんとかみんなと一緒にやっていけるようにと思っていたようでした。彼女にしてみれば、大人の社会のなかに初めて放り込まれてきたんですよね。その怖さもあったと思いますよね。自分がどう思われるのかしらという不安も」

森さんには、印象に残っている一つのエピソードがあった。施設の利用者がテレビを見ていたときのことだ。六〇代の人たちが、アニメを見て笑っていた。

「みなさん、けっこうアニメが好きなんです。大人がアニメを見て笑っている。それは彼女にとって衝撃的なことだったようなんですね。大人がアニメを見てるっていうことも衝撃的で、そのアニメを見ながら笑ったりしているっていうことも。なんなの？　ここはって。大人なのに、子どもみたいな人がいるじゃないってすごく怒ったんです」

森さんは、大人にもアニメが好きな人はいるということ、ふとしたときに見たくなることもあるということを伝えたが、ユキさんは納得しなかったという。

「大人はこうあるべき、大人はこうあってほしいという彼女の願いがあったのかなとも思うんですよね。大人の施設に来るということで、期待が大きかったのかもしれません」

森さんは、彼女が気持ちを表に出すのはよいことだと考え、いつでも話を聞くようにしたという。施設の職員も、心を開いて彼女と接し、話を聞いた。また、仕事も紹介した。知り合いの食品工場に頼んで、働いてみるのもいいかもしれないと考えたのだ。しかし、精神的に不安定な状態が続き、長くは続かなかった。

ユキさんは髪を茶色に染めた。どんどん色を明るくしていった。大声をあげたり、酒を飲んで暴れたり、職員を突き飛ばしたりといった行為を繰り返すようになった。そして、リストカットをするようになった。施設に来て半年後のことだった。正月やゴールデンウィークなど、長期の休みになると、自傷行為を何度か繰り返すようになったという。なぜ、他の利用者には帰る場所があるのに、自分にはないのかと……。

このころ、もともといた児童養護施設にも、ユキさんから電話がかかってくるようになっていた。「年配の人が多くて、いじめられる」「ファッションが変だと言われる」云々。何度か、児童養護施設の職員たちと会ったこともあった。それでも、ユキさんの不安定な状態はなかなか元には戻らなかった。

結局、ユキさんは、「ここは自分には合わない」と言って、また別の施設に移っていくことになった。この施設に来て、一年半後のことだった。

支援する難しさ

森さんは言う。

「私たちも、目の前にいる人たちの支援に追われてしまって。もちろんここを出たあとも、事業としてはずっと見ていくんですけど、やっぱりこぼれ落ちていく部分があるのは否めません。彼女のように、どんなに不安な状態でいるだろうと心配なケースでも、手をさしのべ続けることは、実際には難しいですよね。時間もなければ人もいない。もともと幼いころから大きな課題を抱えている子どもたちが、一八歳になったからといって、ぽーんと施設から社会に出るのはあまりにもハードルが高い。特にメンタルな部分がすごく厳しいと思います。個々のニーズに応じてサポートするところがもっと社会のなかにあればね。彼女をひとりの人間として、生きる方向を一緒になって考え、あるいは導いてあげるような……」

施設長の言葉に、言い訳じみたものを感じる人もいるかもしれない。もっと寄り添えたのではないか、なぜ彼女を施設から手放してしまったのか、と。

しかし、私たちにはそうとも思いきれない部分もあった。それほど、過酷な現場なのだ。この施設で利用者への支援を担う職員は一〇人で、三六五日二四時間の支援をシフト制で担当しているという。それに対し、利用者の定員は四〇人。ほとんどがマンツーマンの支援を必要とするくらい、それぞれに困難を抱えている。ユキさんと同じように、心に傷を負い、生きにくさを感じている人がたくさんいる。

メンタル面のケアだけでなく、就労支援や病院への付き添い、福祉制度を利用するための仲介など、職員の支援も多岐にわたる。全ての人に目配りをしながら二四時間接し続けていくには、あまりに人が足りないという森さんの言葉には、切実なものがあった。

ユキさんは、この施設でも手紙を書いていた。施設長にあてて書いた、彼女の夢だった。家を買うためのたくさんのお金、一緒に買い物をするたくさんの友だち、楽しいことをいっぱいしたい。

「何ともしてあげられなかった。ここを出ていって、彼女が本当につらいときに電話してきてほしかったけど、かかってこなかった。彼女が私たちにたたきつけていったものって、最後まで大人への、そして社会への不信感だったんじゃないのかな……。私も大人のひとりとして、社会の一員としてものすごく責任を感じます。なんで死んでしまったのか……」

ユキさんの「遺言」

その後のユキさんの足跡は定かではない。次に移った施設でもトラブルがあったのか、いくつかの施設を渡り歩いていたようだ。児童養護施設にとっても、自立支援の施設にとっても、ユキさんはまったくの音信不通状態となってしまっていた。

消息がわかったのは、それから三年後の春。

ユキさんが高校を卒業し、児童養護施設を退所していってから、ちょうど五年も過ぎようとする三月のことだった。施設では、「元気にしているかな」「今どうしているのかな」などと、ユキさんを思い出しては、何とはなしに話していたという。

そこに電話が鳴った。電話の主が告げたのは、「ユキさんが駅のホームから飛び降りて死亡した」という事実だった。二三歳という若さだった。ユキさんに関わっていた人たちはみな、涙にくれたという。

なぜユキさんは自ら死を選んでしまったのだろうか。本当のところは、誰にもわからない。児童養護施設がもっと長く面倒を見ていればよかったのか。次に移った自立支援のための施設が、無理にでも彼女を引き留めて支援を継続すべきだったのか。児童相談所などの行政機関が指揮をとって、彼女の人生を一貫して支えていくべきだったのか。それとも、彼女の自己責任？　そんなはずはない。そもそも、もっと早くに彼女を虐待から救い出す方法はなかったのか――。

ナミさんと同じように、ユキさんもまた、自ら逃げ出すまで、その存在をほとんど誰にも気づかれることはなかった。一つだけ確かなことは、彼女の死から目を背けてはいけないということだ。

もし生きていれば、結婚していたかもしれない。子育てをしていたかもしれない。友だちと旅行に行っていたかもしれない。仕事に充実感を覚えていたかもしれない――。無数に想像される彼女の「もう一つの人生」が、「どうすれば彼女を死から守ることができたのか」という重い問いに収斂《しゅうれん》していく。

ユキさんは、一八歳の春、児童養護施設を出ていくときに、職員や子どもたちに向けて最後の手紙を書いていた。

一人じゃできない事は、自分からみんなと助け合ってください。良い思いをするには、がんばって下づみをする事が必要です。本当に弱い人はやらっれぱなしのイジメられた人ではなく、一人では行動できず、イジメで強さを表し、多数で行動して認められたい人だと私は思います。人を守って自分ががまんして来た人こそ素てきな人だと思います。そうすれば、平和にちかづくと思います。
最後まで大人を信用できない私でしたが、先生方は幸せでいてください。そうすれば子供達にも幸せは伝わると思います。そして、幸せを助けをまっている子供に分けてあげてください。いたくて悲しい子供達を助けてあげてください。

何度でも繰り返したい。私たちは、彼女の死をなかったことにしてはならない。もう二度と消えた子どもを生み出さないために、これ以上、子どもたちが苦しまず、重い十字架を背負わなくても済むように。彼女が遺した言葉は、この国に、私たちの社会に向けられている。

第七章 「消えた子ども」の親の告白

無関心から一歩踏み出すために

ここまで、ナミさんをはじめ、多くの「消えた子どもたち」が、親の事情によって、学校に通い教育を受ける権利を、そして普通の生活を送る権利をないがしろにされてきた実態を見つめてきた。そしてそのことが子どもたちのその後の人生にどのような影響を与えるのかということについても、取材を通して明らかにしてきた。

強く感じたことの一つは、この問題を「家庭内の問題」として片付けてはならないということだ。多くのケースでは、子どもたちの周囲にいる人々がなぜ気がついてあげられなかったのかと思わされた。そして、その疑問は、私たち自身にも跳ね返ってくる。私たちは、知らず知らずのうちに「家庭の事情には口を出せない」と、隣近所の家庭に無関心になってしまってはいないか。子どもの権利をないがしろにする親だけではなく、関わろうとしない家庭の「外」にも問題があるのではないか。

そのように考えてみると、消えた子どもたちの親の事情に関心を持つことが大事だといえる。なぜ、親たちは、子どもたちを社会から隔絶させ、消してしまったのか。そして、どうすればこうした親たちにアプローチし、問題を解決していけるのか。本章では、実際にあった具体的な事例をもとにそのヒントを探っていくことにしたい。

親の心理を探りたい

取材の期間を通して、私たちは何度も同じ問いと直面することになった。

それは、「なぜ親は子どもたちをこのような目にあわせていたのか」という疑問である。なぜ、ナミさんの親は一八歳まで彼女を家に監禁していたのか。一時期、ホームレス状態だったケンジくんの親は、ケンジくんを学校に通わせたいと思わなかったのだろうか。マオさんの母親は精神疾患を患っていた。当時、子どもたちの現状をどのように見ていたのだろうか。

消えた子どもたちの経緯やその後の影響を取材するだけでも困難を極めたが、彼ら・彼女らの親にまでさかのぼって直接、取材することの壁はさらに高かった。第一章でも触れたように、私たちはナミさんの実家を幾度か訪ねたものの母親に会うことはできなかったし、それはケンジくんやマオさん、他の子どもたちの場合も同様であった。

一般的に、虐待をしてしまう親の心理については、一定の研究が進んでいる。児童虐待の問題を専門に研究する山梨県立大学人間福祉学部の西澤哲《さとる》教授によると、虐待の心理には以下の三つの特徴があるという。

①体罰肯定感
自分自身が身体的虐待を受けて育ったという親は、「子育てには体罰が必要」という養育観を持つことがある。そうした養育観に基づいて自分の子どもに暴力をふるう。
②子どもからの被害の認知
虐待やネグレクト的な養育環境で育つと、自己否定感情を持ちやすく、「幼児期初期の子どもなのに自分のことを馬鹿にした目で見た」、乳児の泣き声が「自分を責める声に聞こえる」など、子どもからの非現実的な被害を感じて虐待する。親に奪われた有能感を取り戻そうとして虐待することもある。
③自己の欲求の優先傾向
子どものころ虐待やネグレクトにさらされてきたために愛情が十分に満たされず、そのために大人になっても自己の欲求への固執が起こり、子どもの欲求や要求と自分のそれとがぶつかった場合に自己の欲求を重視する。その結果、虐待やネグレクトを行う。
（『子ども虐待』講談社現代新書、二〇一〇年）

西澤教授は、虐待は英語のabuseの訳語として用いられているが、abuseの本来の意味は「虐待」ではなく、「乱用」「悪用」であると指摘。「虐待の心性は『子どもの乱用』、あるいは『子どもとの関係の乱用』と深くかかわっている」としたうえで、「『自分が親として子どもに関わる』という現在の親子関係に、『自分が子どもとして親に育てられた』という過去の親子関係が侵入してくるのである。いわば、この二つの親子関係の重なりにおいて、虐待という行為が発生すると考えられる」と分析している。

取材を通して断片的に得た情報のなかでは、西澤教授の分析と、消えた子どもの親たちの事情で重なり合う部分はあると感じた。たとえば、誰々の親もまたネグレクトされて育った、誰々の親は愛情を十分に受けず非行を繰り返していたなど、虐待の世代間連鎖の問題も透けて見えてくる。

ただ、なぜ消えた子どもの親たちは、「虐待」「ネグレクト」に加えて、子どもを「社会から隔離させ」「学校に通わせない」ことにまで及んでしまうのだろうか。その問いに対しては、まだ幾分か考える余地が残されているようにも思えた。

私たちは、消えた子どもの親に話を聞けないか、東奔西走し、取材を重ねた。その結果、ある一組の親子が取材に応じてくれることになった。

経済的に追い詰められて——母親・洋子さんの場合

取材に応じてくれたのは、福岡県北九州市に暮らす母親の洋子さん（五七歳）と娘の志与《しょ》さん（二〇歳）の親子である。娘の志与さんは、洋子さんの事情のために、小学校のころ、およそ一年間、本人の意志に反して学校に通えなかった時期があった。その後、周囲の関わりによって救い出され、一度は母親・洋子さんと引き離されたものの、再び親子二人で暮らし始めたという。

知人のツテを頼って私たちは洋子さんたち親子に出会った。取材の趣旨に対し、洋子さんは「私たちが、消えた子どもをめぐる親の問題を全て代表するようなケースかどうかはわからないが、社会にとって少しでも役立つのなら」と取材を受けてくれた。

もともとは東海地方で夫の仕事を手伝いながら子育てをしていた洋子さん。結婚当初は、経済的な苦労をすることもなく、穏やかに暮らしていたという。しかし、志与さんが生まれた直後、離婚することになった。原因は、仕事が傾いたことで夫が作った莫大な借金だった。返済能力に乏しかった夫に代わり、洋子さんが借金を返済していくことになった。

当時、すでに実家の北九州市に戻り、市営団地に住んでいたが、ちょうどバブル崩壊から一〇年ほど経っており、正社員の仕事を探しても見つからなかったという。手を尽くしてようやく見つかった仕事は遺跡発掘の仕事。毎朝、六時には家を出て、バスを乗り継いで現場に向かい、日が暮れてから家に帰ってくるという日々を送ることになった。実家に戻ることも考えたが、高齢の親の介護を妹が担っていたため、迷惑をかけられない、何とか自分ひとりで志与さんを育てていきたいと考えたという。

その当時を、洋子さんは自分のことを「おばちゃん」と呼びながら、次のように振り返る。

「そのときはもう旦那とは離婚して、志与ちゃんと二人暮らしだったよ。おばちゃんが働いている間は、志与ちゃんは夕方までは保育所や小学校に預かってもらうという感覚。夜は一緒に過ごすんだけど、もうおばちゃんの頭の中は借金とかなんだか、いっつもごちゃごちゃして、志与ちゃんのことまで頭の中に入ってこんのよね。志与ちゃんが一生懸命喋《しゃべ》りかけてきよるけど、『ちょっと休憩しようね』とか言って、とりあってやれんかった。まずお金のことが切羽詰まるよね。毎日の生活費もないし、何もないで……。なんか毎日毎日がそういうような生活やってね、誰にも言えんし、言っても誰も解決してくれんやろ、お金の事とか。だけえ、毎日毎日そんなことばっかり考えてて、志与ちゃんの遊び相手にもなれんし。そのせいか、志与ちゃんはゲームばっかりしよったしね」

洋子さんは、少ない給料のなかで、毎日の生活や借金の返済など、金銭的に追い詰められていった。電気、ガス、水道が止まったこともあれば、その日の食べ物にも困って、道ばたに生えていた菜の花を摘んで食べたこともあった。困窮が進むなか、洋子さんは徐々に精神的に不安定になっていった。夫と子どもと幸せに暮らしていた日々が急転してしまったというショックも引きずっていた。

睡眠導入剤を一〇錠飲んでも眠れない。そんなときには焼酎をロックで無理矢理、胃に流し込んだ。仕事をしていても、家に帰ってきても、起きているのか眠っているのかわからないような日々――。

洋子さんは、当初、娘の志与さんを小学校に通わせていた。人一倍愛情を注ぎ、何とかひとりで志与さんを育ててあげたいと思っていた。しかし、前述のように次第に志与さんのことを思う余裕がなくなり、さらには愛情が空回りして、志与さんに依存するようになってしまったという。

「そのときはもう志与ちゃんのために生きとるだけなんやけえ、志与ちゃんとは離れたくないんよね。志与ちゃんがおらんかったらおばちゃん生きてないんよ。志与ちゃんが人から白い目で見られんように自分が借金を消していきよったんよ。もう志与ちゃん命やったけえね。けど、必死でこんなんして頑張っとうママの気持ちにもなってっちゅう、その気持ちが大きいんよね。そういうエゴが大きいんよね」

洋子さんは、志与さんに自分のそばから離れないでほしいとすがるようになり、志与さんは、ついに小学校三年生のころから学校に通わなくなった。

「今考えると、頭がどうかしとると思うけど、当時は本気で、家におって、学校に行かんでもいい、外で人に会わんでもいい。そう思うようになっとったんよ」

ママを悲しませたくない

当時の洋子さんの状況は、娘の志与さんにどう見えていたのか。志与さんには、幼いころの記憶があまりないという。それでも、覚えていることを断片的に教えてくれた。

「電気とか水道とかしょっちゅう止まってた。夜はロウソクつけよったし。冬とかは日が暮れるのが早いけえさ、ひとりで、ママが帰ってくるまで真っ暗やし。だからってロウソクも怖いし、テレビもつかんし。どうしよう、どうしようって、ひとりで泣いてることも多かったよ……。寂しかったよ」

志与さんは、はじめは「どこにでもいる普通の小学生だった」という。一、二年生のころは、毎朝きちんと学校に通い、授業を受け、友だちと遊んでいた。しかし、母親の洋子さんの様子がおかしくなっていったことを、子どもながらに感じていたという。

「大変そうやった。大変っていうか、構ってくれんなあとは思いよったけど、それが普通なんかなあとも思って。でもなんかほんと、ママはうつ病みたいな感じやったんじゃないかねえ。『志与ちゃんしかおらんけ』、とか、『志与ちゃんがおらんくなったらママもう嫌』、とか、よく言ってた。ひとりで泣いてる姿を見たこともあるし、そういうときは、あんまり見たらいけないのかと目をつむりよった。こういう言い方したらあれやけど、おかしい人におかしいって言えんやん」

小学校三年生のころから、学校に行かず、家でひとりで過ごすようになった志与さん。「学校に行かなくてもいいのかな」という思いもあったが、それよりも母親の洋子さんの存在のほうが大きくなっていたのではないかと振り返る。

「ママは、自分の中でぜんぶ抱え込んで、周りがつらくなければ、自分がつらくてもいいっていう感じやけ。相当我慢しとるのがわかったけ。もう必死なのは、ママを悲しませないこと。そのためには、私が家におること自体が、ママの嬉しいこと。ママのことばっかり考えよったんやないかな」

精神的に不安定な母親のもとで、志与さんはほとんど外出しなくなった。学校の先生が訪問してきても、母親のつらそうな顔が脳裏をよぎると部屋から出ることができず、応答できないなど、社会との関わりを断たれていった。

母親を説得し続けた妹

そんな洋子さんと志与さんの窮状に、気づいた人がいた。

洋子さんの妹の、山田ゆう子さん（五三歳）である。山田さんは、洋子さんの話にもあるように、北九州市の実家で高齢の親の世話をして暮らしていた。そのため、姉の洋子さんの家とは比較的近い距離に住んでいた。あるとき、志与さんの学校から連絡があった。「志与さんが学校に来ない。様子を見てくれないか」

その一報を受け、洋子さんと志与さんが暮らす市営団地を訪れた山田さんは言葉を失ったという。電気もつかない部屋で、志与さんが助けを求めるでもなく、ひとり無表情で座り込んでいた。

「学校の先生から連絡があって、家をのぞきにいったんですけどね、異常でした。ひとり暗い部屋にぽつんといてね。私はゲームがあったらいいよっていう。ゲームがあったら、誰もいらんし、さみしくないし、つらくないしって。ひとりぼっちであることを何とか自然なことだと思い込もうとしているという姿がね、なんかすごく不憫《ふびん》に思えたんですよね」

それ以前も、洋子さんの経済的な苦境については知っていたため、気にかけて訪ねようとはしていたのだが、洋子さんとの関係を気にして、一歩踏み込もうとはしなかったという。

「志与ちゃんの育て方について、私が思っているやり方と、姉が思っているやり方は違うので、絶対どこかでかみ合わなくなるだろうなっていう不安があったんですよね。それでなかなか踏み切れなかった。葛藤がすごくあったんですよね。姉も母親ですからね、口出ししても、あまり素直に受け入れられないんじゃないかって」

そんな気がかりがあり、しばらく洋子さんの家から足が遠のいてしまっていたという山田さん。しかし、志与さんの姿を見て、「今この子に声をかけられるのは私しかいない」と覚悟を決めたという。

洋子さんが仕事でいない間を見計らって、ご飯を作りにいったり、実家に連れてきたり。朝起こして学校にも行かせるようにし、志与さんと接する時間を増やしていったという。すると、最初はほとんど口もきかなかった志与さんが次第に口を開くようになっていった。

「あんまり人に甘えるような子じゃないんですけどね。あるとき、うちにおったときに、ここの家の子になりたいなとか、ここに住みたいなっていうようなことを言ったんですよね……。たぶん、『助けて』っていうことだったんじゃないかなと思います。それで、もう放ってはおけなくなった」

山田さんは、志与さんのことを第一に考えたとき、自分が引き取って育てたほうがいいのではないかと決心し、姉の洋子さんにもちかけた。

それを、洋子さんはどう受け止めていたのか。当時の洋子さんは精神的にも追い込まれていて、素直に妹の山田さんの申し出を受け容れられなかったという。洋子さんは言う。

「人に言ったら恥ずかしいとか。そこまでこう……プライドじゃないんやけど、信用できんのよね、人が。たいてい、何にしても信用できんのよね。マイナス思考にはまりこんじゃって、人のところに志与ちゃんをやったら、取られてしまう……そんな発想になっていたんやないかな」

姉の洋子さんとの「交渉」は、一筋縄ではいかなかったと山田さんも振り返る。

「助けてっていうのは、他人にもなかなか言えないと思いますし、姉妹だったらなおさらだと思うんですけど。姉は、最初はすごく拒否してました」

しかし山田さんはあきらめることなく姉の洋子さんと話し合いを続けた。

「『話し合い』なんて、格好よすぎる（笑）。実際はそんなんじゃなかった。私も今はこうして格好いいことばかり言ってますけど、当時は私自身もすごく腹を立てていましたしね。姉に対して。はらわたが煮えくりかえってるときもあった。でもそんな態度で接しても、姉も志与ちゃんも、素直にこっちには来られないと思ったんで、まずは姉と話ができる状況を作りました。私も姉も、志与ちゃんを大事に思う気持ちは変わらなくて、やり方がちょっと違うだけなんだってことを、姉の機嫌をとったりしながらね、伝えていきました」

そうしたやりとりはおよそ一年続いた。そして、志与さんは、山田さんが引き取って育てることになった。

もっと気持ちを考えてやればよかった

志与さんを山田さんに預けることを了承した洋子さんだったが、当初は未練もあり、「一緒に家に帰ろう」と志与さんを連れ戻しに山田さんのもとに行ったこともあった。しかし、しばらくひとりで生活していくうちに、心の重荷が少しずつ軽くなっていくのを感じたという。そして、徐々に精神的な安定を取り戻していった。

「それまでは、『志与ちゃんが、志与ちゃんが』って視野が狭くなってたのが、すっと開けたというか。志与ちゃんのために、あれもしないと、これもしないとっていうのがなくなったやろ、それですごい救われたんよね。ほんと救われたね、志与ちゃんを預けてから。そして、志与ちゃんが不良にならんで真面目な方向に育っていったりとか、学校も休まんで行ったりとか、そういうのを遠くからでも眺めておられるやん。それで心が豊かになるやん。今思えば、もっと早く、志与ちゃんの気持ちを第一に考えてやらないけんかったんよ。ほんとにそう思ってるよ」

洋子さんに、もし、山田さんが介入してこなかったら、どうなっていたでしょうかと尋ねてみた。すると、こんな答えが返ってきた。

「にっちもさっちもいかなくなって、たぶん二人で自殺しとったと思う。そう考えるとね、妹が、私のエゴを少しずつ溶かしてくれてよかった。体を張って教えてくれたんやと思う」

志与さんは、山田さんのもとで高校に進学し、無事に卒業した。難易度の高い介護福祉士の資格も取得し、福祉施設に就職。それと同時に、再び母親の洋子さんと暮らし始めた。

取材の最中、このような場面に出会った。インタビューの後で、志与さんが友人と遊びに出かけることになり、お化粧をし始めた。鏡をのぞき込んで、ファンデーションを塗っているとき、不意に志与さんが言った。

「ママ、私、似合っとる?」

「うん、似合っとるよ。すごく似合っとる。きれいになったね」

洋子さんは目を細めて、志与さんに応えた。志与さんは、鏡から顔を上げて洋子さんと目を合わせると、嬉しそうにほほえんだ。

決して広いとは言えない二人暮らしの部屋に、母と娘の笑顔が戻っていた。

親もまた苦しんでいる

洋子さん・志与さんの親子と山田さん。三人の貴重な証言から見えてきたのは、親の経済的困窮や精神的な不安定さなどが複合的に重なり合った結果、周囲への不信感や子どもへの過度の依存が生まれ、子どもと社会との接点が断ち切られていく構図だった。

洋子さん自身も言うように、このケースによって消えた子どもの親たちをめぐる問題の全てが語り尽くされているとは、もちろん言えない。しかし、ここからわかることの一つは、問題を抱える親がたとえ表面的には働くなど「社会参加」していても、その心の内では、社会や周囲との関わりを拒絶しているかもしれないということである。

洋子さんは、「エゴ」や「プライド」、それに「マイナス思考」という言葉をたびたび使っていた。借金や離婚、精神不安など、解決することが難しい問題を複数抱えるなかで、子どものことまで考える余裕がなくなり、自分本位に走ってしまう。その意味においては、親もまた苦しみを抱えていると見ることができるのではないだろうか。

もちろん、だからといって「虐待」や「ネグレクト」を正当化することはできないが、必ずしも親が「極悪非道」であることによって、消えた子どもの問題が起こっているとも言い切れないのではないか。虚心坦懐《きょしんたんかい》に問題の解決を目指すのであれば、親がなぜ社会との関わりを拒否しようとするのか、親が抱える苦しみにも目を向けて理解しようとすることから始めなくてはならないのではないだろうか。

その視点に立って考えるとき、洋子さんと志与さんの親子に「介入」したのが、洋子さんの実の妹である山田さんであったことは大きな意味があったと言える。もともと洋子さんの性格や置かれた状況を把握していた山田さんだからこそ、どのように洋子さんを説得すればいいか、知恵を絞ることができたのだろう。

ただし、ここで注意しなければならないのは、問題を「親族間で解決するべき」ということでは決してないということである。このケースでは、たまたま山田さんが洋子さん一家の近くに住んでいたから駆けつけられたり、学校からの連絡が山田さんにあったりしたことで発覚した。偶然に支えられている側面も強いのだ。こうした偶然がなければ志与さんはどうなっていたのか。偶然に頼らないためにはどうすればいいのか。

「おせっかい」の必要性

山田さんは、「消えた子ども」をなくすためにはどうすればいいかという私たちの質問に対し、このように答えている。

「学校の先生でも、近所のおばちゃんでも、親類の方でもね、子どもたちをきちんと見てあげる大人がたくさんいないといけないと思うんですよ。自分の子どもだけじゃなくて、近所の子どもであろうと、いつも公園に来ているお母さんが連れてきている子どもであろうと、いつも様子をみんなで見てあげてたら、そういう子どもは減っていくと思うんですよ」

でも、なかには声をかけづらい家族、立ち入らせない家族、絶対に誰の言葉も寄せ付けない家族もいるのではないだろうか。

「そういう人もたくさんいるんで、難しいですよね。それに、その子にとっては声をかけてあげることが必要だろうけど、その言葉を見つけるのが大変じゃないですか。関係性ですよね。誰でも声をかけたらいいわけでもないと思うんですよ。やはり関係性がなかったら声は聞こえないと思うので。難しいですけど、つながりというか、そういうものを持てる環境を作っていかないとと思いますね」

気がついた人が声をかける。あるいは、声をかけられそうな人に、声をかけてもらうようお願いする。そうしたことはおせっかいすぎて、面倒くさいと感じる人もいるかもしれない。

しかし、消えた子どもの問題を解決するために、私たちに求められていることとは、そういったことなのではないかと思う。もちろん行政や学校も努力するべきだし、事実、粉《ふん》骨砕身《こっさいしん》、この問題に取り組んでいる人々も多いのだが、公的な機関に「お任せ」しているだけでは、この問題は解決しない。

異変に気づいた誰かが行動を起こすべきだということは、その誰かに「私」や「あなた」がなるかもしれないということだ。もちろん、山田さんのように、子どもを引き取って育てることまでできる人は少ないと思う。それでも、「私」や「あなた」が、無関心でいることをやめて、できる範囲のなかで一歩を踏み出せば、そのことによって救われる子どもが必ずいるはずだ。そして、もしかしたらそのことによって親もまた救われるかもしれないのだということを、洋子さんと志与さん、そして山田さんの間で起きた出来事は示しているように思う。

その後、山田さんは、志与さんを引き取って育てたことをきっかけにして、ファミリーホームを開設した。今も、事情を抱えた子どもたち、そして親たちと向き合い続けている。

あなた自身があなたの保証人です

一八歳まで監禁されていたナミさんは、今、沖縄で暮らしている。

番組放送後、沖縄県で子どもや若者に関わる施設で仕事をしている男性から、「うちで働いてみないか」という誘いがあった。番組を観てこうした声をかけてくれた施設は岩手県にもあり、そのことは少なからずナミさんを勇気づけたと思う。

ただ、ナミさんは監禁されている間も、保護されてからも、ずっと福岡周辺で生きてきただけにかなり迷っていた。福岡には、保護されて以降の九年の間に、彼女をまるで家族のような気持ちで支える多くの関係者と友人たちの輪があった。一方で、彼女は働きたくても仕事に就くことができず、過去の苦しみからも解放されることはなく、行き詰まっていた面もあった。

結局、数ヶ月後、ナミさんは全てを手放し福岡を離れることを決めた。その一番の理由は、声をかけてくれた沖縄の施設を見学に行ったとき、責任者の男性からかけられた言葉にあったように思う。

ナミさんは、これまでも就職活動の面接や定時制高校への入学など、何か一歩踏み出そうとすると、身元保証人はいないのかと言われ、その壁を乗り越えられずに苦しんできた。

「なぜ保証人が必要なのか、あんなひどいことをした親でも保証人になれるなら、どうして私だけじゃだめなのか」

取材中に何度となく聞いた悩みだった。

それだけに、沖縄の施設の見学に訪れたナミさんは、責任者の男性が連れていってくれた海辺のレストランで昼食を済ませると、真っ先にこう聞いた。

「そちらで働くとき、身元保証人はいりますか」

責任者の男性は一瞬驚いた様子を見せたのち、「いいえ、いりません」と笑顔で言った。

そして続けた。

「テレビの取材に応えて、自分の言葉で過去を語り、大事なメッセージを伝えてくれた。あなた自身があなたの保証人です。それで十分です」

ナミさんは、泣き出しそうな表情で、大きく何度も頷いていた。隣で聞いていた私も、こみ上げてくるものがあった。彼女は力強く言った。

「ずっと、誰かにそう言ってもらいたかったんです」

踏み出した、新たな一歩

二〇一五年四月下旬。沖縄への出発を決めたナミさんのために、福岡では送別会が開かれていた。会場となったカラオケ店のパーティールームには、家から逃げ出してから九年余りの間、彼女の人生に寄り添った三〇人を超える支援者や友人たちが集まった。そこには、彼女をずっと見守り続けてきた児童相談所の藤林武史所長や河浦龍生さんの姿もあった。

会場では一人ひとり順にマイクを持って、ナミさんとの出会いのきっかけや印象に残った思い出を懐かしく語り、応援のメッセージを送った。

「ここが実家だからね」「私はおじいちゃんみたいなもんだからね」「じゃあ私はおばあちゃんよ」などと次々に声をかけながら、誰もが「いつでも福岡に戻ってきていいんだからね」と別れを惜しみ、彼女の門出を祝った。

数日後、もともと少なかった彼女の部屋の家具や荷物はほとんど処分され、ナミさんは小さなトランクと手荷物だけを持って、多くの人に見送られながら福岡を発った。

新天地で自分の人生を歩み始めて、半年余り。誰の支援も受けずに週に五日働く生活を続けている。真夏の沖縄の強い日差しが注ぐなか、車の免許がないために片道四〇分自転車をこいで職場に向かう。たったひとり、自分の足で歩き始めている。

当然、容易なことではない。ただでさえ、人との関わりに難しさを感じてきたナミさんである。右も左もわからない土地で、ゼロから人間関係をつくり、全く経験のない仕事を覚えていく。ナミさんでなくても、非常に大変な作業だと思う。

取材をしていた間、ナミさんが何度かつぶやいた言葉がある。

「私は子どもが好きだけれど、自分が結婚する未来も、母親になる未来も、全く想像できない。自分がちゃんと育てられていないし、虐待は連鎖するっていうから、私も同じようなことをするんじゃないかって思うと恐いし。幸せになる自分の姿が全く想像できない」

そして言うのだった。

「今もこんなにずっと苦しくて、こんなんだったら、実家を飛び出さずに虐待を受け続けていたほうがよかったのかもって思う」

それでも、ナミさんは、今もあちこちにぶつかりながら、前を向いて生きている。何も知らない人たちに囲まれて、過去のことを忘れて断ち切りたい思いと、過去から来る苦しみを理解してもらいたい気持ちと。その狭間で揺れながら、自分の生きる意味や居場所を見つけようとしている。

いつの日か、「あの日、逃げてきてよかった」「生きてきてよかった」と思えるように。

消えた子どもを生む土壌とは

ふと思う。成熟した社会とはどんな姿をしているのだろうかと。国際化や経済成長、科学技術の発展の足元では、この日本という国に生まれて十分に義務教育さえ受けられない子どもたちが大勢いる。そして、誰にも気づかれないまま命を落としていく。

こぎれいな霞ヶ関のビル街を歩く官僚たちは、それは教育だから厚生労働省ではない、いや虐待だから文部科学省ではない、いやいや貧困だけの問題ではないから内閣府ではない、そう押しつけあいながら、悲惨な実態は自分が担当する範疇《はんちゅう》で起きたのではないと、その命は自分の手のひらからこぼれたものではないと、そう思うことで安堵《あんど》しているのだろうか。

それはマスコミも含めて社会の多くの大人と重なる姿勢なのかもしれないし、私自身もそのひとりなのかもしれない。

子どもの問題は、第一には親の問題だといわれる。ただ、子どもは生まれてくる親も家庭も選べない。どこに生まれようとも、その子どもに責任は何ひとつない。それなのに、見て見ぬ振りをされ、積極的な支援を受けられないまま、多くの子どもが傷つき小さな命が失われていく。「消えた子ども」は、社会が、政治家が、官僚が、行政が、マスコミが、大人一人ひとりがその親を含めて彼らの存在をネグレクトしてきたことで生まれた存在だろう。そして、それはおそらくこれからも拡大していく闇だと私は思う。

自分には直接関係ない、私たち自身もどこかでそう思っていた。

しかし今回の取材を進めるうちに、自分の目に入る全ての子どもが気になって仕方なくなった。スタッフのなかには、「きのう娘と公園に行ったら、小さな男の子がひとりきりでずっといるから気になって、どうしたのって思わず声をかけてしまったよ」と話す者もいた。それぞれ立場は違えどもできることはきっとある。一歩踏み込んだ政策を講じることで助かる命もある。訪問した家庭に、もう一歩踏み込むことで聞こえる声があるかもしれない。

あなたが暮らす集合住宅に、隣近所に、ずっと閉じ込められている子どもが絶対にいないと言い切れるだろうか。平日の昼間に公園で遊ぶ子どもを見かけたことはないだろうか。社会にいる子どもは、自分自身も含めて社会全体で育てるという意識を持ったとき、見えるSOSがそこにあるのではないだろうか。

社会全体の問題として捉え直す

こうした問題意識を「感傷的」なものだと片付けることができる人たちにとっても、消えた子どもの問題は決して無関係ではない。これは子どもの人権問題という側面だけでなく、社会保障という側面から見ても、決して放置できない課題だからだ。

社会から消えた子どもたちの多くは、断絶された期間の長さに応じて回復に時間がかかる傾向にあった。その回復支援には児童福祉や教育分野などから大勢の大人が関わらざるを得ず、行政サービスの一環としてその人件費や関係費用には、多額の税金が投入される。さらに成人しても仕事に就けずに生活保護を受給して生きざるを得ないケースも少なくなかった。

現役世代三人が高齢者一人を支える時代が過ぎ、現役世代一・三人で一人の高齢者を支えるようになるといわれる。超少子高齢化社会において、社会保障の構造上、ひとりの子どももも取りこぼせない状況にあるのだ。

子どもたちが自分らしく幸せであってほしいという一点からしても支援は必要だが、行財政的にも本来なら自分の足で立てたはずの人に数十年、時には半世紀にわたって生活保護費を支給するよりも、育児支援や虐待対策の充実、教育現場の支援態勢の拡充など先行的な投資を進めて、社会の一員として育てたほうがよほど合理的だろう。

動きだした自治体

こうしたなか、取り組みも始まっている。東京・文京区では、神奈川県厚木市で所在がわからないまま白骨化して見つかった斎藤理玖くんの事件を受け、子どもの所在を把握するための独自の仕組みを作った。

その一つが、二〇一五年四月から開始した、子どもの情報を一括管理するシステムだ。従来は縦割り行政の悪弊で、「就学時健診に来ていない」「保育所を休んでいる」といった、どこかの機関がつかんだ異変につながる情報が共有されず、そのリスクの有無について日常的に確認することが難しかった。

そこで、文京区では福祉や医療、戸籍など、子どもに関する情報を持つ六つの部署の者だけがアクセスできるシステムを開発。定期健診や学校に来ず保健師や教員が自宅を訪問しても姿を確認できない子どもがいた場合、このシステムに登録してリストアップする。これを受けて、それぞれの担当部署がその子に関わる情報の有無や内容を入力していくのだ。

ある子どものケースでは、三歳児健診に姿を見せず訪問しても会えなかったため、このシステムに登録したところ、幼稚園や保育所に関する部署からは「通っていない」という情報が入った。リスクが高いかもしれない。そう思ったところ、今度は子どもの医療費の助成を担当している部署から医療機関を受診しているという情報が入り、医師に連絡をとってその子の無事が確認された。

開始から二ヶ月足らずの間に八八人がこのシステムに登録されたが、七二人については関係部署からの情報で安否が確認でき、ほかの一六人も家庭訪問を繰り返して最終的に全員の安全が確認できたという。

さらに同区では、行政だけで子どもの状況を把握するのは限界があるとして、地域で見守る「子どもおせっかい地域ネットワーク」を作った。最初の情報をキャッチするアンテナを高くし支援の網の目を細かくするのが狙いだ。新たなネットワークでは、日頃から地域や家庭の情報をつかみやすい、水道局やガス会社、郵便局や新聞配達店、それに子育て支援のＮＰＯに協力してもらい、個人情報保護について取り決めた協定を交わしたうえで、情報を寄せてもらうことにした。

郵便物や新聞がたまっている、早朝など行政の職員が訪れない時間に子どもの泣き声がする、水道やガスなどライフラインが止まっている、子育てに悩んでいる様子だった、同じ子どもが日中ひとりで公園にいる等々——。

このように、民間や地域ならではの情報を寄せてもらう。このネットワークによって、親がネグレクト状態にあることがわかり、児童相談所と支援を始めたケースも出てきている。

今回、消えた子どもたちの取材をしていても、その子の姿が見えず、どれほど事態を重く捉えて動くべきか判断ができずにいるうちに対応が遅れたり、住民票のない路上生活の子どもなど行政の情報だけでは把握できなかったりするケースが多くあった。それだけに、この仕組みは、助けを求めている子どもを救うために重要なヒントを与えてくれていると思うし、それによって子どもだけでなくＳＯＳを出せずにいた親や家庭全体を支えることにつながると感じた。

文京区子ども家庭支援センターの鈴木秀洋課長は「今は把握している所在不明の子どもはいなくても、明日、あさってには生じているかもしれず、各地で起きている事件は決して他人事ではない。システムを作ったから十分だとは全く思っておらず、姿が見えないということは命に関わる事態だと考えて、行政も積極的に関わっていきたい」と話す。

これまで社会が救えなかった子どもたちのためにも、こうした一歩が、各地に広がっていくことを願ってやまない。

諸制度の改善点

国がやらねばならない対策も山積している。子どもの姿を直接見て安否確認をするには、それを可能にする児童相談所や学校現場等の人員体制の充実、専門家の確保、保護後のケアの体制、自治体間で情報をつなぐための全国的なネットワークの構築などが必要だ。従来から指摘されながらも対策が追いついていない以上、抜本的な制度の見直しが必要な時期にきているだろう。

全ての子どもに関わる義務教育現場の改善も急務だ。

一つは、不登校と就学義務違反を明確に区別していくこと。長期欠席の子どものうち、本人や学校に関係する理由による不登校で苦しんでいる子どもには個々に応じた支援を徹底し、それ以外の家庭や社会的な要因を背景に学校に通えていない子どもの存在をクローズアップして対策を講じること。

本人の意思に反して教育を受ける権利を奪われていれば、そのこと自体をもっと重く捉えて手を打つべきだ。実態把握の面では、年間で合計して三〇日以上の欠席でひとくくりに不登校とされている文部科学省の調査について、期間の調べ方や項目を見直すだけでも、連続して長期欠席して学校から姿を消している子どもの存在が見えやすくなるだろう。

また学校を基点に親子を支えるという面では、福祉面からサポートするスクールソーシャルワーカーなどを法律上の学校職員に位置づけ、国が財源から責任を持って配置すること。今のような非常勤ではなく、正規職員として位置づけられれば、専門性のある人材を養成し増やしていくことにつながるはずだ。

また保護者の精神疾患等の状況を知りうる医師や生活保護担当のケースワーカーが、親が養育困難に陥っている恐れがある場合に児童福祉や教育現場、民間の支援団体と連携できる仕組みも必要だろう。

子どもを社会から「消さない」ための特効薬といえるような単純な解決策はない。粘り強く、多角的に対策を取り、網の目を細かくしていくしかないのだ。

「消えた子どもたち」からの問いかけ

ナミさんは、聡明で優しく、真面目な女性だった。繊細で傷つきやすくもあったが、その分よく気がつき、時に驚くほど力強く、それでいて可愛らしい笑顔が印象に残る人だった。

「もし、子ども時代に違う人生があればどんなふうに……」

何度そう思ってしまったことだろう。ナミさんは、取り戻すことができない一八年を背負いながら、今日も必死に生きている。その苦しみの真っただ中にありながら、自分と同じような境遇の子どもを一人でも助けたいと取材に応じてくれた。

今回、取材に応じてくれた他の子どもたちも、みなそうだった。車上生活をしていたケンジくん、自転車泥棒を強要されたナオキくん、精神疾患の母親に苦しめられたマオさん、ノゾミちゃん。そして、親子でその当時を語ってくれた志与さんと母親の洋子さん。みな、再び同じようなことが繰り返されないようにと、自分たちの過酷な経験を初めて言葉にしてくれた。

また、彼ら彼女らの周囲でその人生を支えてきた方々も、今回の取材趣旨を理解し、私たちを信用して、彼らが発言する機会を支えて後押ししてくれた。加えて、八〇〇を超える施設の方々が、日々子どもたちへの対応に追われるなか、私たちのアンケートに答えてくれた。

その全ての方々に、この場を借りて、心から感謝申し上げたい。そして、明らかになった事実と、かつて消えていた子どもたちからの言葉の重みをしっかりと受け止めて、これからも伝え続けていかねばならないと強く思う。

消えた子どもが関わる事件は、今もあとを絶たない。一体、今回明らかになった一〇三九人の裏でどれほどの子どもが消えてしまっているのだろうか。

今もどこかで「気づいてほしい」と小さなSOSが発せられているかもしれない。再び子どもを社会から消したまま死なせてしまうことがないよう私たちは何をすべきなのか。

全ての大人に突きつけられた、重い問いかけである。

二〇一五年一一月

報道局社会部記者　松井裕子

子どもに関する犯罪事案以外にも身元を知られないで通報したい市民に対応する。「924-839」の語呂合わせは「とくめいつうほう　やってサンキュー」。

子どもの人権110番

☎0120-007-110

法務省が子どもの人権擁護のために設置したいじめや虐待の相談窓口。平日午前8時30分から午後5時15分まで受付。通話料無料。

※一部のIP電話からは上記の番号は接続不可。下記サイトに地域別の有料通話対応の電話番号が記載されている。
http://www.moj.go.jp/JINKEN/jinken112-1.html

また、インターネットでも相談を受け付けている。

子ども用送信フォーム
https://www.jinken.go.jp/soudan/PC_CH/0101.html

大人用送信フォーム
https://www.jinken.go.jp/soudan/PC_AD/0101.html

※情報は2015年11月15日現在のもの。

虐待が疑われる事案の通報先

子育て上の悩みに関する相談件数、虐待が疑われる事案の通報件数の増加を受け、近年、各省庁が通報窓口を整備している。いずれも相談は無料、市外局番はなし。

児童相談所相談全国共通ダイヤル

☎189

厚生労働省が虐待・通告・相談に対応するために設置。24時間受付、一定時間ごとに通話料がかかる。「189」は「いちはやく」の語呂合わせ。2015年7月に覚えやすい3桁の番号になった。

24時間子供SOSダイヤル

☎0570-0-78310

いじめ問題や所在不明を含め、子どものSOS全般に対応する相談窓口。2015年2月に起きた川崎中1殺人事件を受け、文部科学省が従来からの相談窓口を24時間対応に強化した。ナビダイヤルなので一定時間ごとに通話料がかかる。「78310」は「悩み言おう」の語呂合わせ。

匿名通報ダイヤル

☎0120-924-839

虐待のほか、児童買春や児童ポルノ、人身取引などの通報ダイヤル。24時間受付、通話料無料。警察庁が設置しており、

校閲　猪熊良子
DTP　角谷剛

NHKスペシャル「消えた子どもたち」取材班

2014年5月に発覚した厚木男児白骨遺体事件を機に、
同年8月報道局の記者・ディレクターにより結成。
本人の意思や傷病でなく、保護者の都合により保育所や学校に通えず
社会から「消されて」しまった子どもたちの実態を調査し報道。
全国の児童相談所など関係機関1377ヶ所を対象に
独自にアンケート取材を敢行、2014年までの10年間で少なくとも
1039人の「消えた子ども」がいたことを初めて明らかにした。
大人の視点でなく、当事者である子どもの肉声を伝えるべく
取材を続ける。

NHK出版新書 476

ルポ 消えた子どもたち
虐待・監禁の深層に迫る

2015(平成27)年12月10日 第1刷発行
2018(平成30)年 5 月20日 第4刷発行

著者 NHKスペシャル「消えた子どもたち」取材班

発行者 森永公紀

発行所 NHK出版
〒150-8081東京都渋谷区宇田川町41-1
電話 (0570) 002-247 (編集) (0570) 000-321(注文)
http://www.nhk-book.co.jp (ホームページ)
振替 00110-1-49701

ブックデザイン albireo

印刷 壮光舎印刷・近代美術

製本 ブックアート

Printed in Japan ISBN978-4-14-088476-8 C0236

NHK出版新書好評既刊

ゴルバチョフが語る
冷戦終結の真実と21世紀の危機
山内聡彦　NHK取材班
第二の冷戦を回避せよ！　ゴルバチョフをはじめとする世界史の変革者たちが、東西冷戦終結の舞台裏を明かし、ウクライナ危機の深層に迫る。
455

人生の節目で読んでほしい短歌
永田和宏
結婚や肉親の死、退職、伴侶との別れなど、人生の節目はいかに詠われてきたのか。珠玉の名歌を、当代随一の歌人が心熱くなるエッセイとともに紹介する。
456

写真と地図でめぐる軍都・東京
竹内正浩
戦前、戦中期を通じて、東京は日本最大の軍都だった。米軍撮影の鮮明な空中写真や地図などを手掛かりに、かすかに残された「戦争の記憶」をたどる一冊。
457

コンテンツの秘密
ぼくがジブリで考えたこと
川上量生
クリエイティブとはなにか？　情報量とはなにか？　宮崎駿から庵野秀明までトップクリエイターたちの発想法に鋭く迫る、画期的なコンテンツ論！
458

21世紀の自由論
「優しいリアリズム」の時代へ
佐々木俊尚
リベラル、保守、欧米の政治哲学を整理し、「優しいリアリズム」や「非自由」だが幸せな在り方を考える。ネットの議論を牽引する著者が挑む新境地！
459

稼ぐまちが地方を変える
誰も言わなかった10の鉄則
木下　斉
スローガンだけの「地方創生」はもういらない。稼ぐ民間が、まちを、公共を変える！　地域ビジネスで利益を生むための知恵を10の鉄則にして伝授。
460

NHK出版新書好評既刊

スター・ウォーズ論　河原一久
なぜ世界中がこの映画に熱狂するのか？ 日本語字幕監修を務めた著者が、最強コンテンツの全貌に迫り、ディズニー買収以後の行方をも展望する。　473

真田丸の謎　戦国時代を「城」で読み解く　千田嘉博
戦国最強の勇将・真田信繁（幸村）の城づくりの秘密とは!? その系譜を辿るとともに「城」を手掛かりに群雄割拠する戦国時代を読み解いた力作。　474

「等身大」で生きる　スケートで学んだチャンスのつかみ方　鈴木明子
病気を乗り越えて2大会連続の冬季五輪出場を果たした鈴木明子が、「チャンスのつかみ方」などスケートで学んだ〝すべて〟を引退後に初めて語る！　475

ルポ 消えた子どもたち　虐待・監禁の深層に迫る　NHKスペシャル「消えた子どもたち」取材班
虐待、貧困等によって監禁や路上・車上生活を余儀なくされた子どもたちが置かれた衝撃の実態が、大規模アンケートと当事者取材で今明らかに。　476

銀河系惑星学の挑戦　地球外生命の可能性をさぐる　松井孝典
宇宙ファンなら知っておくべき、惑星の基礎知識から探査の最前線まで、易しく網羅的に解説する。21世紀の宇宙観が見えてくる一冊。　477